CLAUDINE A PARIS

ŒUVRES DE COLETTE

Dans Le Livre de Poche :

CLAUDINE À L'ÉCOLE.
CLAUDINE S'EN VA.
LA SECONDE.
LA CHATTE.
LA MAISON DE CLAUDINE.
LE KÉPI.
JULIE DE CARNEILHAN.
L'INGÉNUE LIBERTINE.
LA VAGABONDE.
GIGI.
MITSOU.
CHAMBRE D'HÔTEL *suivi de* LA LUNE DE PLUIE.
SIDO *suivi de* LES VRILLES DE LA VIGNE.
LE PUR ET L'IMPUR.
MES APPRENTISSAGES.
LE VOYAGE ÉGOÏSTE *suivi de* QUATRE-SAISONS.
PRISONS ET PARADIS.
DUO *suivi de* LE TOUTOUNIER.
CHÉRI.
JOURNAL À REBOURS.
BELLA VISTA *suivi de* TROIS, SIX, NEUF.
EN PAYS CONNU.

WILLY ET COLETTE

DE L'ACADÉMIE GONCOURT

Claudine à Paris

ALBIN MICHEL

Droits de traduction, de reproduction et de représentation
réservés pour tous les pays.

Aujourd'hui, je recommence à tenir mon journal forcément interrompu pendant ma maladie, ma grosse maladie, — car je crois vraiment que j'ai été très malade!

Je ne me sens pas encore trop solide à présent, mais la période de fièvre et de grand désespoir m'a l'air passée. Bien sûr, je ne conçois pas que des gens vivent à Paris pour leur plaisir, sans qu'on les y force, non, mais je commence à comprendre qu'on puisse s'intéresser à ce qui se passe dans ces grandes boîtes à six étages.

Il va falloir, pour l'honneur de mes cahiers, que je raconte pourquoi je me trouve à Paris, pourquoi j'ai quitté Montigny, l'École si chère et si fantaisiste où mademoiselle Sergent, insoucieuse des qu'en-dira-t-on, continue à chérir sa petite Aimée pendant que les élèves font les quatre cents coups, pourquoi papa a quitté ses limaces, tout ça, tout ça!... Je serai bien fatiguée quand j'aurai fini! Parce que, vous savez, je suis plus maigre que l'année dernière et un peu plus longue; malgré mes dix-sept ans échus depuis avant-hier, c'est tout juste si j'en parais seize. Voyons que je me regarde dans la glace. Oh! oui.

Menton pointu, tu es gentil, mais n'exagère pas, je t'en supplie, ta pointe. Yeux noisette, vous persévérez à être noisette, et je ne saurais vous en blâmer; mais ne vous reculez pas sous mes sourcils avec cet excès de modestie. Ma bouche, vous êtes toujours ma bouche, mais si blême, que je ne résiste pas à frotter sur ces lèvres courtes et pâlottes les pétales arrachés au géranium rouge de la fenêtre. (Ça fait, d'ailleurs, un sale ton violacé que je mange tout de suite.) O vous, mes pauvres oreilles! Petites oreilles blanches et anémiques, je vous cache sous les cheveux en boucles, et je vous regarde de temps en temps à la dérobée, et je vous pince pour vous faire rougir. Mais ce sont mes cheveux, surtout! Je ne peux pas y toucher sans avoir envie de pleurer... On me les a coupés, coupés sous l'oreille, mes copeaux châtain roussi, mes beaux copeaux bien roulés! Pardi, les dix centimètres qui m'en restent font tout ce qu'ils peuvent, et bouclent, et gonflent et se dépêcheront de grandir, mais je suis si triste tous les matins, quand je fais involontairement le geste de relever ma toison, avant de me savonner le cou.

Papa à la belle barbe, je t'en veux presque autant qu'à moi-même. On n'a pas idée d'un père comme celui-là ! Écoutez plutôt.

Son grand traité sur la *Malacologie du Fresnois* presque terminé, papa envoya une grosse partie de son manuscrit chez l'éditeur Masson, à Paris, et fut dévoré dès ce jour d'une épouvantable fièvre d'impatience. Comment ! Ses " placards " corrigés, expédiés boulevard Saint-Germain le matin (huit heures de chemin de fer) n'étaient pas de retour à Montigny le soir même ? Ah ! le facteur Doussine en entendit de raides. " Sale bonapartiste de facteur qui ne m'apporte pas d'épreuves ! Il est cocu, il ne l'a pas volé ! " Et les typographes, ah ! la la ! Les menaces de scalp à ces faiseurs de " coquilles " scandaleuses, les anathèmes sur ce " gibier de Sodome " ronflaient toute la journée. Fanchette, ma belle chatte, qui est une personne bien, levait des sourcils indignés. Novembre était pluvieux, et les limaces, délaissées, crevaient l'une après l'autre. Si bien qu'un soir, papa, une main dans sa barbe tricolore, me déclara : " Mon bouquin ne marche pas du tout ; les imprimeurs se fichent de moi ; le plus raisonnable (*sic*) serait d'aller nous installer à Paris. " Cette proposition me bouleversa. Tant de simplicité, unie à tant de démence, m'exaltèrent, et je ne demandai que huit jours pour réfléchir. " Dépêche-toi, ajouta papa, j'ai quelqu'un pour notre maison, Machin veut la louer. " O la duplicité des pères les plus ingénus! Celui-ci avait déjà tout arrangé en sous-main, et je n'avais pas pressenti la menace de ce départ!

Deux jours après, à l'École, où, sur le conseil de Mademoiselle, je songeais vaguement à préparer mon brevet supérieur, la grande Anaïs s'affirma plus teigne encore que d'habitude; je n'y tins plus et je lui dis en haussant les épaules : " Va, va, ma vieille, tu ne m'élugeras[1] plus longtemps, je vais habiter Paris dans un mois. " La stupéfaction qu'elle n'eut pas le temps de déguiser me jeta dans une extrême joie. Elle courut à Luce : " Luce! Tu vas perdre ta grande amie! Ma chère, tu pleureras du sang quand Claudine partira pour Paris. Vite, coupe-toi une mèche de cheveux, échangez vos derniers serments, vous n'avez que juste le temps! " Luce, médusée, écarta ses doigts en feuille de palmier, ouvrit tout grands ses yeux verts et paresseux, et, sans pudeur, fondit en larmes bruyantes. Elle m'agaçait. " Pardié oui, je m'en vais! Et je ne vous regretterai guère, toutes! "

A la maison, décidée, je dis à papa le " oui " solennel. Il peigna sa barbe avec satisfaction et prononça :

— Pradeyron est déjà en train de nous chercher un appartement. Où? Je n'en sais rien. Pourvu que

---

[1]. Embêter, en patois, du Fresnoy

j'aie de la place pour mes bouquins, je me fous du quartier. Et toi?

— Moi aussi, je m'en... ça m'est égal.

Je n'en savais rien du tout, en réalité. Comment voulez-vous qu'une Claudine, qui n'a jamais quitté la grande maison et le cher jardin de Montigny, sache ce qu'il lui faut à Paris, et quel quartier on doit choisir? Fanchette non plus n'en sait rien. Mais je devins agitée, et, comme dans toutes les grandes circonstances de ma vie, je me mis à errer pendant que papa soudainement pratique, — non, je vais trop loin, — soudainement actif, s'occupait, à grand fracas, des emballages.

J'aimai mieux, pour cent raisons, fuir dans les bois et ne point écouter les plaintes rageuses de Mélie.

Mélie est blonde, paresseuse et fanée. Elle a été fort jolie. Elle fait la cuisine, m'apporte de l'eau et soustrait les fruits de notre jardin, pour les donner à de vagues "connaissances". Mais papa assure qu'elle m'a nourrie, jadis, avec un lait "superbe" et qu'elle continue à m'aimer bien. Elle chante beaucoup, elle garde en sa mémoire un recueil varié de chansons grivoises, voire obscènes, dont j'ai retenu un certain nombre. (Et on dit que je ne cultive pas les arts d'agrément!) Il y en a une très jolie :

> Il a bu cinq ou six coups
> Sans vouloir reprendre haleine,
>   Trou la la...
> Et comm' c'était de son goût
> Il n'épargnait pas sa peine,
>   Trou la la... etc., etc.

Mélie choye avec tendresse mes défauts et mes vertus. Elle constate avec exaltation que je suis " gente ", que j'ai " un beau corps " et conclut : " C'est dommage que t'ayes pas un galant. " Ce besoin ingénu et désintéressé de susciter et de satisfaire d'amoureux desseins, Mélie l'étend sur toute la nature. Au printemps, quand Fanchette miaule, roucoule et se traîne sur le dos dans les allées, Mélie appelle complaisamment les matous, et les attire au moyen d'assiettes remplies de viande crue. Puis elle contemple attendrie, les idylles qui en résultent, et, debout dans le jardin, en tablier sale, elle laisse " attacher " le... derrière de veau ou le lièvre en salmis, songeuse, en soupesant dans ses paumes ses seins sans corset, d'un geste fréquent qui a le don de m'agacer. Malgré moi, ça me dégoûte vaguement de songer que je les ai tétés.

Tout de même, si je n'étais qu'une petite niaise et non une fille bien sage, Mélie, obligeante, ferait tout le nécessaire pour que je faute. Mais je ris seulement d'elle, quand elle me parle d'un amoureux, — ah! non, par exemple, — et je la bourre, et je lui dis :

"Va donc porter ça à Anaïs, tu seras mieux reçue qu'ici."

Mélie a juré, sur le sang de sa mère, qu'elle ne viendrait pas à Paris. Je lui ai répondu : " Je m'en fiche." Alors elle a commencé ses préparatifs, en prophétisant mille effroyables catastrophes.

J'errai donc dans les chemins pattés[1], dans les bois rouillés, parfumés de champignons et de mousses mouillées, récoltant des girolles jaunes, amies des sauces crémeuses et du veau à la casserole. Et peu à peu, je compris que cette installation à Paris sentait la folie de trop près. Peut-être qu'en suppliant papa, ou plutôt en l'intimidant? Mais que dirait Anaïs? Et Luce qui pourrait croire que je reste à cause d'elle? Non. Zut! Il sera bien temps d'aviser, si je me trouve trop mal là-bas.

Un jour, à la lisière du bois des Vallées, comme je regardais au-dessous de moi, et les bois, les bois qui sont ce que j'aime le plus au monde, et les prés jaunes, et les champs labourés, leur terre fraîche presque rose, et la tour sarrasine, au-dessus, qui baisse tous les ans, je vis nettement, si clairement la bêtise, le malheur de partir, que je faillis courir et dévaler jusqu'à la maison, pour supplier, pour ordonner qu'on déclouât les caisses de livres et qu'on désentortillât les pieds des fauteuils.

1. Boueux.

Pourquoi ne l'ai-je pas fait? Pourquoi suis-je restée là, toute vide, avec mes mains froides sous ma capeline rouge? Les châtaignes tombaient sur moi dans leur coque et me piquaient un peu la tête, comme des pelotons de laine où l'on a oublié des aiguilles à repriser...

J'abrège. Adieux à l'École; froids adieux à la Directrice (étonnante, Mademoiselle! Sa petite Aimée dans ses jupes, elle me dit " au revoir " comme si je devais rentrer le soir même); adieux narquois d'Anaïs : " Je ne te souhaite pas bonne chance, ma chère, la chance te suit partout, tu ne daigneras sans doute m'écrire que pour m'annoncer ton mariage "; adieux angoissés et sanglotants de Luce, qui m'a confectionné une petite bourse en filet de soie jaune et noir, d'un mauvais goût parfait, et qui me donne encore une mèche de ses cheveux dans un étui à aiguilles en bois de Spa. Elle a fait " empicasser " ces souvenirs pour que je ne les perde jamais.

(Pour ceux qui ignorent le sortilège d'empicassement, voici : Vous posez à terre l'objet o à empicasser, vous l'enfermez entre deux parenthèses dont les bouts rejoints (Xo) se croisent et où vous inscrivez, à gauche de l'objet, un X. Après ça, vous pouvez être tranquille, l'empicassement est infaillible. On peut aussi cracher sur l'objet, mais ce n'est pas absolument indispensable.)

La pauvre Luce m'a dit : " Va, tu ne crois pas

que je serai malheureuse. Mais tu verras, tu verras
ce que je suis capable de faire. J'en ai assez, tu sais,
de ma sœur et de sa Mademoiselle. Il n'y avait que
toi ici, je *n'avais du goût* qu'à cause de toi. Tu verras ! "
J'ai embrassé beaucoup la désolée, sur ses joues
élastiques, sur ses cils mouillés, sur sa nuque blanche
et brune, j'ai embrassé ses fossettes et son irrégulier
petit nez trop court. Elle n'avait jamais eu de moi
autant de caresses et le désespoir de la pauvre gobette
a redoublé. J'aurais pu, pendant un an, la rendre
peut-être très heureuse. (Il ne t'en aurait pas coûté
tant que ça, Claudine, je te connais !) Mais je ne me
repens guère de ne pas l'avoir fait.

L'horreur physique de voir déplacer les meubles et
emballer mes petites habitudes me rendit frileuse et
mauvaise comme un chat sous la pluie. D'assister au
départ de mon petit bureau d'acajou taché d'encre,
de mon étroit lit-bateau en noyer et du vieux buffet
normand qui me sert d'armoire à linge, je faillis avoir
une crise de nerfs. Papa, plus faraud que jamais,
déambulait au milieu du désastre, et chantait : " Les
Anglais pleins d'arrogance, Sont venus assiéger Lo-
rient. Et les Bas-Bretons... " (on ne peut pas citer le
reste, malheureusement). Je ne l'ai jamais détesté
comme ce jour-là.

Au dernier moment, je crus perdre Fanchette, qui,
autant que moi horrifiée, avait piqué une fuite éperdue
dans le jardin, et s'était réfugiée dans la soupente à

charbon. J'eus mille peines à la capturer pour l'enfermer dans un panier de voyage, crachante et noire, jurant comme un diable. Elle n'admet, en fait de paniers, que celui à viande.

Le voyage, l'arrivée, le commencement de l'installation se perdent dans une brume de détresse. L'appartement sombre, entre deux cours, de cette rue Jacob triste et pauvre, me laissa dans une torpeur navrée. Sans bouger, je vis arriver, une à une, les caisses de livres, puis les meubles dépaysés; je vis papa, excité et remuant, clouer des rayons, pousser son bureau de coin en coin, se gaudir à voix haute de la situation de l'appartement : " A deux pas de la Sorbonne, tout près de la Société de géographie, et la bibliothèque Sainte-Geneviève à la portée de la main! ", j'entendis Mélie geindre sur la petitesse de sa cuisine — qui est pourtant, de l'autre côté du palier, une des plus belles pièces de l'appartement — et je souffris qu'elle nous servît, sous l'excuse de l'emménagement incomplet et difficile, des mangeailles... incomplètes et difficiles à ingérer. Une seule idée me rongeait : " Comment, c'est moi qui suis ici, c'est moi qui ai laissé s'accomplir cette folie? " Je refusai de sortir, je refusai obstinément de m'occuper de quoi

que ce fût d'utile, j'errai d'une chambre à l'autre, la
gorge rétrécie et l'appétit absent. Je pris, au bout de
dix jours, une si étrange mine, que papa lui-même
s'en aperçut et s'affola tout de suite, car il fait toutes
choses à fond et sans mesure. Il m'assit sur ses genoux,
contre sa grande barbe tricolore, me berça dans ses
mains noueuses qui sentaient le sapin à force d'installer des rayons... Je ne dis rien, je serrai les dents,
car je lui gardais une farouche rancune... Et puis,
mes nerfs tendus cédèrent dans une belle crise, et
Mélie me coucha, toute brûlante.

Après ça, il se passa beaucoup de temps. Quelque
chose comme une fièvre cérébrale avec des allures de
typhoïde. Je ne crois pas avoir beaucoup déliré, mais
j'étais tombée dans une nuit lamentable et je ne sentais
plus que ma tête, qui me faisait si mal! Je me souviens
d'avoir, pendant des heures couchée sur le côté
gauche, suivi du bout de mon doigt, contre le mur,
les contours d'un des fruits fantastiques imprimés sur
mes rideaux; une espèce de pomme avec des yeux.
Il suffit encore à présent que je la regarde pour voguer
tout de suite dans un monde de cauchemars et de
songes tourbillonnants où il y a de tout : Mademoiselle, et Aimée, et Luce, un mur qui va tomber sur
moi, la méchante Anaïs, et Fanchette qui devient
grosse comme un âne ,et s'assied sur ma poitrine. Je
me souviens aussi que papa se penchait sur moi, sa

barbe et sa figure me semblaient énormes, et je le poussais avec mes deux bras faibles, et je retirais mes mains tout de suite parce que le drap de son pardessus me semblait si rude et si pénible à toucher! Je me souviens enfin d'un médecin doux, un petit blond avec une voix de femme et des mains froides qui me faisaient frémir partout.

Pendant deux mois on n'a pas pu me peigner, et, comme le feutrage de mes boucles me faisait souffrir quand je roulais ma tête sur l'oreiller, Mélie m'a coupé les cheveux, avec ses ciseaux, tout contre la tête, comme elle a pu, en escaliers! Mon Dieu, quelle chance que la grande Anaïs ne me voie pas ainsi garçonnisée, elle qui jalousait tant mes boucles châtaines et me les tirait sournoisement pendant la récréation!

J'ai repris goût à la vie, petit à petit. Je me suis aperçue un matin, quand on a pu m'asseoir sur mon lit, que le soleil levant entrait dans ma chambre, que le papier pékiné blanc et rouge égayait les murs, et j'ai commencé à songer aux pommes de terre frites.

— Mélie, j'ai faim. Mélie, qu'est-ce que ça sent dans ta cuisine? Mélie, ma petite glace. Mélie, de l'eau de Cologne pour me laver les oreilles. Mélie, qu'est-ce qu'on voit par la fenêtre? Je veux me lever.

— Oh! ma petite compagnie, que tu redeviens *agouante!* C'est que tu vas mieux. Mais tu ne te tiendrais seulement pas debout à quatre pattes, et le médecin l'a défendu.

— C'est comme ça ? Attends, marche, bouge pas ! Tu vas voir.

Hop ! Malgré les objurgations désolées, et les " Ma France adorée, tu vas te flanquer par terre ; ma petite servante, je le dirai au médecin ! " d'un gros effort je tire mes jambes de mon lit... Misère ! Qu'est-ce qu'on a fait de mes mollets ? Et mes genoux, comme ils paraissent gros ! Sombre, je rentre dans mon lit, n'en pouvant plus déjà.

Je consens à rester assez sage, bien que je trouve aux " œufs frais " de Paris un singulier goût de papier imprimé. Il fait bon dans ma chambre ; on y brûle du bois, je prends plaisir à en regarder le papier pékiné rouge et blanc (je l'ai déjà dit), mon buffet normand à deux portes, avec mon petit trousseau dedans ; la tablette est usée et écornée, je l'ai un peu tailladée et tachée d'encre. Il voisine avec mon lit, sur la plus longue paroi de ma chambre rectangulaire, mon lit bateau, en noyer, à rideaux de perse (on est vieux jeu) à fond blanc, fleurs et fruits rouges et jaunes. En face de mon lit, mon petit bureau d'acajou démodé. Pas de tapis ; en guise de descente de lit, une grande peau de caniche blanc. Un fauteuil crapaud, en tapisserie un peu usée aux bras. Une chaise basse en vieux bois, paillée rouge et jaune ; une autre, tout aussi basse, en ripolin blanc. Et une petite table en rotin, carrée, qui fut vernie en ton naturel. Voilà une salade ! Mais cet ensemble m'a toujours paru exquis. Une des parois étroites est occupée par deux portes d'alcôve, qui ferment dans le jour mon cabinet de toilette obscur. Ma table de toilette est une console Louis XV à dessus de marbre rose. (C'est du gaspillage, c'est de l'imbécillité; elle serait infiniment mieux à sa place dans le salon, je le sais, mais on n'est pas pour rien la fille à papa.) Complétons l'énumération : une grande cuvette banale, un fougueux coursier, et pas de *tub*, non; à la place du *tub*, qui gèle les pieds, ridicule avec ses bruits de tonnerre de théâtre, un baquet en bois, un cuveau, là! Un bon cuveau de Montigny, en hêtre cerclé, où je m'accroupis en tailleur, dans l'eau chaude. et qui râpe agréablement le derrière.

Je mange donc docilement des œufs, et, comme on me défend absolument de lire, je ne lis que peu (la tête me tourne tout de suite). Je ne parviens pas à m'expliquer comment la joie de mes réveils s'assombrit graduellement, dans le jour tombant, jusqu'à la mélancolie et au recroquevillement farouche, malgré les agaceries de Fanchette.

Fanchette, heureuse fille, a pris gaiement l'internat. Elle a, sans protestation, accepté, pour y déposer ses petites horreurs, un plat de sciure dissimulé dans ma ruelle, et je m'amuse, penchée, à suivre sur sa physionomie de chatte les phases d'une opération importante.

Fanchette se lave les pattes de derrière, soigneuse, entre les doigts. Figure sage et qui ne dit rien. Arrêt brusque dans le washing : figure sérieuse et vague souci. Changement soudain de pose; elle s'assied sur son séant. Yeux froids et quasi sévères. Elle se lève, fait trois pas et se rassied. Puis, décision irrévocable, on saute du lit, on court à son plat, on gratte... et rien du tout. L'air indifférent reparaît. Mais pas longtemps. Les sourcils angoissés se rapprochent; elle regratte fiévreusement la sciure, piétine, cherche la bonne place et pendant trois minutes, l'œil fixe et sorti, semble songer âprement. Car elle est volontiers un peu constipée. Enfin, lentement, on se relève et, avec des précautions minutieuses, on recouvre le cadavre, de l'air pénétré qui convient à cette funèbre opération. Petit grattement superfétatoire *autour* du plat, et sans transition, cabriole déhanchée et diabolique, prélude à une danse de chèvre, le pas de la délivrance. Alors, je ris et je crie : " Mélie, viens changer, vite, le plat de la chatte! "

J'ai commencé à m'intéresser aux bruits de la cour. Une grande cour maussade; au bout le revers d'une maison noire. Dans la cour, des petits bâtiments sans nom à toits de tuiles, des tuiles..., comme à la campagne. Une porte basse, obscure, ouvre, me dit-on, sur la rue Visconti. Cette cour, je ne l'ai vu traverser que par des ouvriers en blouse et des femmes en cheveux, tristes, avec cet affaissement du buste sur les hanches, à chaque pas, spécial aux créatures éreintées. Un enfant y joue, silencieux, toujours tout seul, appartenant, je pense, à la concierge de ce sinistre immeuble. En bas, chez nous — si j'ose appeler " chez nous " cette maison carrée pleine de gens que je ne connais pas et qui me sont antipathiques — une sale bonne à coiffe bretonne corrige tous les matins un pauvre toutou qui sans doute se conduit malproprement pendant la nuit, dans la cuisine, et qui crie et qui pleure; cette fille-là, attendez seulement que je sois guérie, elle ne périra que de ma main! Enfin, tous les jeudis, un orgue de Barbarie moud d'infâmes romances de dix à onze, et tous les vendredis, un pauvre (on dit ici un pauvre et non un " malheureux " comme à Montigny), un grand pauvre classique, à barbe blanche, vient déclamer pathétiquement : " Messieux et Mesdames — n'oubliez pas — un povr' malheureux! — A peine s'il voit clair! — Il se recomman'de — à votre bonn'té! — s'il vous plaît, Messieux et Mesdames! (un, deux, trois...) ... s s s s'il vous plaît! " Le tout sur une petite mélopée mineure qui se termine en majeur. Ce vénérable-là, je lui fais jeter quatre sous par Mélie qui grogne et dit que je gâte le métier.

Papa, tiré d'inquiétude et rayonnant de me savoir en vraie convalescence, en profite pour ne plus paraître à la maison que vers l'heure des repas. O les Biblio-

thèques, les Archives, les Nationale et les Cardinale
qu'il arpente, poussiéreux, barbu et bourbonien!

Pauvre papa, n'a-t-il pas failli remettre tout en
question un matin de février, en m'apportant un bouquet de violettes! L'odeur des fleurs vivantes, leur
toucher frais, ont tiré d'un coup brusque le rideau
d'oubli que ma fièvre avait tendu devant le Montigny
quitté... J'ai revu les bois transparents et sans feuilles,
les routes bordées de prunelles bleues flétries et de
gratte-culs gelés, et le village en gradins, et la tour
au lierre sombre qui seule demeure verte, et l'École
blanche sous un soleil doux et sans reflet; j'ai respiré
l'odeur musquée et pourrie des feuilles mortes, et
aussi l'atmosphère viciée d'encre, de papier et de
sabots mouillés dans la classe. Et papa qui empoignait
frénétiquement son nez Louis XIV, et Mélie qui
tripotait ses nénés avec angoisse ont cru que j'allais
recommencer à être bien malade. Le médecin doux,
à voix féminine, a grimpé les trois étages en hâte et
affirmé que ce n'était rien du tout.

(Je déteste cet homme blond à lunettes légères. Il
me soigne bien, pourtant; mais, à sa vue, je rentre
mes mains sous le drap, je me plie en chien de fusil,
je ferme mes doigts de pieds, comme fait Fanchette
quand je veux lui regarder les ongles de près; sentiment parfaitement injuste, mais que je ne ferai, certes,
rien pour détruire. Je n'aime pas qu'un homme que
je ne connais pas me touche et me tripote, et me mette

la tête sur la poitrine pour écouter si je respire comme il faut. Et puis, bon sang, il pourrait bien se chauffer les mains!)

Ce n'était rien du tout, en effet, bientôt j'ai pu me lever. Et de ce jour-là mes préoccupations prennent un autre tour :

— Mélie, qui donc va me faire mes robes, à présent?

— J'en sais rien de rien, ma guéline. Pourquoi que tu demandes pas une adresse à Maame Cœur?

Mais, elle a raison, Mélie!

Ça, par exemple, c'est roide de ne pas y avoir plus tôt songé, car " Maame " Cœur, mon Dieu, ce n'est pas une parente éloignée, c'est la sœur de papa; mais cet admirable père s'est toujours libéré, avec une aisance parfaite, de toute espèce de liens et de devoirs familiaux. Je crois bien que je l'ai vue une fois en tout, ma tante Cœur. J'avais neuf ans et papa m'apportait à Paris, avec lui. Elle ressemblait à l'impératrice Eugénie; je pense que c'est pour embêter son frère qui ressemble, lui, au Roi-Soleil. Famille souveraine! Elle est veuve, cette aimable femme, et je ne lui connais pas d'enfants.

Chaque jour, je déambule un peu plus par l'appartement, perdue, toute maigre, dans ma robe de chambre flottante, froncée aux épaules, en velours de coton aubergine passé. Dans le salon sombre, papa a fait porter les meubles de son fumoir et ceux du salon de Montigny.

Le voisinage me paraît blessant des petits fauteuils Louis XVI bas et larges, un peu éventrés, avec les deux tables arabes, le fauteuil mauresque en bois incrusté et le sommier couvert d'un tapis oriental. Claudine, il faudra arranger ça...

Je touche des bibelots, je tire un tabouret marocain, je replace sur la cheminée la petite vache sacrée (bibelot japonais très ancien et recollé deux fois grâce à Mélie), et puis je tombe tout de suite assise sur le sommier-divan, contre la glace où mes yeux trop grands et mes joues rentrées, et surtout, surtout, mes pauvres cheveux en marches inégales, me jettent dans le regret noir. Hein, ma vieille, s'il te fallait à présent monter sur le gros noyer du jardin de Montigny! Où est ta belle prestesse, où sont tes jambes agiles et tes mains de singe qui faisaient *flac* si net sur les branches, quand tu montais là-haut en dix secondes? Tu as l'air d'une petite fille de quatorze ans qu'on aurait martyrisée.

Un soir à table, tout en grignotant — sans en avoir l'air — des croûtes de pain encore interdites, j'interroge l'auteur de la *Malacologie du Fresnois* :

— Pourquoi n'avons-nous pas encore vu ma tante, est-ce que tu ne lui as pas écrit? Tu n'es pas allé la voir?

Papa, avec la condescendance qu'on a pour les fous, me demande, doucement, l'œil clair et la voix suave :
— Quelle tante, mon mignon?
Habituée à ces candides absences, je lui fais comprendre qu'il s'agit de sa sœur.
— Tu penses à tout! s'écria-t-il alors plein d'admiration. Mille troupeaux de cochons! Cette brave fille, elle va être contente de savoir que nous sommes à Paris! Elle va bougrement me cramponner, ajouta-t-il en s'assombrissant.

Progressivement j'étends mes promenades jusqu'au trou à livres, papa a fait rayonner les trois parois de la chambre qui reçoit le jour par une grande fenêtre (la seule pièce un peu claire de l'appartement, c'est la cuisine, — bien que Mélie prétende, pittoresque, qu' " on n'y voit ni de la tête ni du... contraire ") et il a planté au milieu son secrétaire, thuya et cuivre, muni de roulettes, qui se balade dans tous les coins, suivi péniblement d'un vieux fauteuil Voltaire en cuir rouge, blanchi aux coins et fendu aux deux bras. La petite échelle volante, pour atteindre les dictionnaires haut perchés, une table sur tréteaux, c'est tout.

Plus solide de jour en jour, je viens me réchauffer aux titres connus des bouquins, et rouvrir de temps en temps le Balzac déshonoré par Bertall, ou le *Dictionnaire philosophique* de Voltaire. Que viens-je faire dans ce dictionnaire? M'ennuyer, et... apprendre quelques vilaines choses, presque toujours choquantes (les vilaines choses ne sont pas toujours choquantes; au contraire). Mais, depuis que je sais lire, je suis " souris chez papa " et, si je ne m'effarouche guère, je ne me passionne pas trop non plus.

J'explore la " turne " de papa. Ce papa ! Il a dans sa chambre, tendue de papier à bouquets champêtres, un papier pour jeunes filles, un lit bateau également, le matelas incliné en pente vertigineuse. Papa ne veut dormir qu'assis. Je vous fais grâce des meubles Empire, des grands fauteuils d'osier coussinés de brochures et de revues scientifiques, des planches en couleur pendues un peu partout, semées de limaces, de millepattes, de saletés d' " arnies " de petites bêtes ! Sur la cheminée, des rangées de fossiles, qui furent mollusques, il y a un bon bout de temps. Et par terre, à côté du lit, deux ammonites grandes comme des roues de voiture. Vive la Malacologie ! Notre maison est le sanctuaire d'une belle science, et pas galvaudée, j'ose le dire.

Pas intéressante, la salle à manger. N'étaient le buffet bourguignon et les grosses chaises, aussi bourguignonnes, je la trouverais bien banale. Le dressoir trop rustique n'a plus pour fond les boiseries brunes de Montigny. Mélie a planté là, faute de place, la grande armoire à linge, belle avec ses panneaux Louis XV à attributs de musique, mais, ainsi que tout le reste, triste et dépaysée. Elle pense à Montigny, comme moi.

Quand le médecin antipathique me dit, avec un air de triomphe modeste, que je peux sortir, je crie : " Jamais de la vie! " pleine d'une si belle indignation, qu'il en demeure, c'est le mot, stupide.

— Pourquoi?

— Parce que j'ai les cheveux coupés! Je ne sortirai que quand j'aurai les cheveux longs!

— Eh bien, mon enfant, vous redeviendrez malade. Vous avez besoin, absolument besoin d'oxygène.

— Vous " m'aralez ", vous! J'ai absolument besoin de cheveux.

Il s'en va, toujours doux. Que ne se fâche-t-il? Je lui dirais des choses pénibles pour me soulager...

Ulcérée, je m'étudie dans les glaces. Je constate que ce n'est pas le court de mes cheveux qui aggrave mon air de chat triste, mais surtout leur inégalité. A nous les ciseaux du bureau! Ils sont trop grands, et émoussés. Les ciseaux de ma boîte à ouvrage? Ils sont trop courts. Il y a bien les ciseaux de Mélie... mais elle s'en sert pour couper les tripes de poulet et pour fendre les gésiers, ils me dégoûtent.

— Mélie, tu m'achèteras demain matin des ciseaux de couturière.

C'est une besogne longue et difficile. Un coiffeur ferait mieux et plus vite; mais ma misanthropie à l'égard de tout ce qui tient à Paris frémit, trop vive encore. O les pauvres, coupés tous à la hauteur de l'oreille! Ceux du front, drôlement roulés, ne font pas encore trop mauvaise contenance, mais j'ai un gros chagrin rageur à mirer dans deux glaces cette nuque blanche et amincie sous les petits cheveux raides et qui ne se décident que lentement à spiraler, comme les cosses des graines de balsamines qui, après avoir lâché leur semence, se roulent petit à petit en colimaçon, et sèchent là.

Avant que je consente à mettre un pied dehors, le genre humain fait irruption chez moi, représenté par la concierge. Exaspérée d'entendre la servante bretonne battre injustement son malheureux toutou en bas, chaque matin, je l'ai guettée et lui ai versé la moitié de mon broc sur sa coiffe.

Cinq minutes après, entre la portière, ancienne belle femme, sale et phraseuse. Papa absent, elle regarde avec une certaine surprise cette petite fille pâle et rogue. " Mademoiselle, la Bretonne a dit qu'on avait versé un siau... — C'est moi. Après? — Elle dit comme ça qu'une supposition qu'elle porte plainte... — Elle me porte surtout sur les nerfs. Et puis, si elle recommence à battre le chien, c'est autre chose que de l'eau qu'elle recevra. Est-ce que je raconte à ses patrons qu'elle crache dans les tasses du déjeuner et qu'elle se mouche dans les serviettes? Si elle préfère ça, qu'elle le dise! " Et la Bretonne a enfin laissé ce pauvre chien tranquille. D'ailleurs, vous savez, je ne l'ai jamais vue cracher dans les tasses, ni se moucher dans les serviettes. Mais elle a bien une tête à le faire.

Et puis, comme on dit chez nous, elle me *rebute*. Est-ce que ce n'est pas ça qu'on appelle un " généreux mensonge "?

Ma première sortie a eu lieu en mars. Un soleil pointu et un vent acide; papa et moi dans un fiacre à pneumatiques. Avec ma cape rouge de Montigny et mon polo d'astrakan, j'ai l'air d'un pauvre petit garçon en jupe. (Et toutes mes chaussures devenues si larges!) Promenade à pas lents au Luxembourg, où mon noble père m'entretient des mérites comparés de la Nationale et de la bibliothèque Sainte-Geneviève. Le vent m'étourdit, et le soleil. Je trouve vraiment belles les grandes allées plates, mais l'abondance des enfants et l'absence des mauvaises herbes me choquent, l'une autant que l'autre.

— En relisant les épreuves de mon grand *Traité*, me dit papa, j'ai vu qu'il y avait encore beaucoup à creuser. Je m'étonne moi-même de la superficialité de certaines parties. Tu ne trouves pas étrange qu'avec la précision de mon esprit, j'aie pu seulement effleurer certains points importants, — passionnants, j'ose le dire — relatifs aux espèces minuscules? Mais ce ne sont pas des histoires pour petite fille.

Petite fille! Il ne consentira donc pas à s'apercevoir que je file bon train, laissant derrière moi mes dix-sept ans? Quant aux espèces minuscules, ah! la la, ce que je m'en fiche! Et des majuscules itou!

Que d'enfants, que d'enfants ! Est-ce que j'aurai un jour tant d'enfants que ça ? Et quel est le monsieur qui m'inspirera l'envie d'en commettre avec lui ? Pouah, pouah ! C'est curieux comme, depuis ma maladie, j'ai l'imagination et les nerfs chastes. Que penserait-on d'un *Grand Traité* — moi aussi — *de l'influence moralisatrice des fièvres cérébrales chez la jeune fille ?* Ma pauvre petite Luce... Comme les arbres sont avancés ici ! Les lilas dardent des feuilles tendres. Là-bas, là-bas... on ne doit voir encore que des bourgeons bruns et vernis, tout au plus des anémones des bois, et encore !

En rentrant de ma promenade, je constate que la rue Jacob conserve opiniâtrement son aspect graillonneux. Indifférente aux louanges de ma fidèle Mélie, prétendant que la promenade a rosi les joues de sa " petite servante " (elle ment effrontément, ma fidèle Mélie) et attristée par ce printemps de Paris qui me fait trop songer à l'autre, au vrai, je m'étends sur mon lit, fatiguée, et je me relève pour écrire à Luce. Ma lettre fermée, je songe trop tard que la pauvre gobette n'y comprendra rien du tout. Ça lui est bien égal à elle que Machin, le nouveau locataire de notre maison de Montigny, ait coupé les branches du gros noyer parce qu'elles traînaient par terre, et que le bois de Fredonnes soit déjà embué (on le voit de l'École) du brouillard vert des jeunes pousses ! Luce ne saura pas me dire non plus si les blés s'annoncent bien, ou si les violettes, au versant ouest du chemin creux qui mène aux Vrimes, sont en retard ou en avance sur leurs feuilles. Elle ne verra que le ton peu tendre de ma lettre, ne comprendra pas que je lui donne si peu de détails sur ma vie de Paris, et que les nouvelles de ma santé se bornent à ceci : " J'ai été malade deux mois, mais je vais mieux. " C'est à Claire, à ma petite sœur de communion qu'il fallait écrire! Elle garde ses moutons, aujourd'hui, au champ de Vrimes ou près du bois des Matignons, une grande cape sur les épaules, et sa petite tête ronde aux yeux doux protégée par un fichu coquettement épinglé en mantille. Ses moutons errent, difficilement contenus par Lisette, la chienne sage, et Claire s'absorbe dans un roman à couverture jaune, un de ceux que je lui ai laissés en partant.

J'écris donc à Claire une affectueuse et banale bonne lettre. Narration française : *Lettre d'une jeune fille à son amie pour lui annoncer son arrivée à Paris.* O Mademoiselle! Rousse et vindicative Mademoiselle, j'entends, un peu enfiévrée encore, j'entends votre voix coupante, habile à réprimer tout désordre. Que faites-vous de votre petite Aimée, à cette heure? Je l'imagine, je l'imagine assez bien : Et ça me fait monter ma " température ", de l'imaginer...

Papa, que j'ai orienté sur ma tante Cœur, exprime les jours suivants des velléités de m'emmener chez elle en visite. Je jette de grands cris pour l'effrayer :

— Aller chez ma tante ? Ben, voilà une idée ! Avec les cheveux que j'ai, et la figure que j'ai, et pas de robes neuves ! Papa, il y a de quoi compromettre mon avenir et faire rater un mariage !

(Il n'en fallait pas tant. Le faciès du grand siècle se rassérène.)

— Trente-six troupeaux de cochons ! Ça me fait bougrement plaisir que tu aies les cheveux coupés ! Non, enfin, je veux dire... C'est que je retape en ce moment un chapitre difficile. Il me faut encore une bonne semaine.

(Ça va bien.)

— Houche, Mélie, grande " louache " paresseuse, dégrouille-toi, " rabâte ", fais du " raffut " ! Il me faut une couturière.

On en découvre une, qui vient " prendre mes ordres ". Elle habite la maison, c'est une femme d'âge, qui s'appelle Poullanx, qui a des scrupules, qui est timorée, qui n'aime pas les jupes collantes et qui affiche une honnêteté démodée. Quand elle a terminé une robe de drap bleu toute simple, un corsage à petits plis pincés, un col cerclé de piqûres qui enferme jusqu'aux oreilles mon cou (on le montrera plus tard, quand j'aurai renforci), elle me rapporte les fausses coupes, les biais, les petits coupassons de trois centimètres. Terrible femme, avec sa façon janséniste de réprouver les " robes immodestes " qu'on se plaît en ce moment à porter!

Rien de tel qu'une robe neuve pour donner envie de sortir! Mais j'ai beau brosser mes cheveux, ils n'allongent pas vite. L'activité de l'ancienne Claudine reparaît tout doucement. L'abondance des bananes contribue d'ailleurs à me rendre la vie supportable. En les achetant mûres et les laissant pourrir un petit peu, les bananes, c'est le bon Dieu en culotte de velours liberty! Fanchette trouve que ça sent mauvais.

Je reçois entre temps (il y a quinze jours), une réponse de Luce, une lettre au crayon qui me méduse, je l'avoue.

" *Ma Claudine chérie, c'est bien tard que tu penses à moi! Tu aurais bien fait d'y penser plus tôt, pour me donner un peu la force de supporter mes tourments. J'ai raté mon examen d'entrée à Normale, ma sœur me le fait payer depuis ce jour-là. Pour un oui, pour un non, c'est des gifles à me faire démancher*

*la tête, et elle me refuse des chaussures. Je ne peux pas demander
à ma mère de retourner chez nous, elle me battrait trop. Ce n'est
pas Mademoiselle qui me soutiendra, elle est toujours aussi affolée
après ma sœur qui la fait tourner en chieuvre. Je t'écris en cinq
ou six fois, je ne veux pas qu'elle prenne ma lettre. Quand tu
étais ici, elles avaient un peu peur de toi. A présent c'est fini,
tout est parti avec toi, et c'est adieu que je dirais à ce monde, si
je n'avais pas si peur pour me tuer. Je ne sais pas ce que je vais faire,
mais ça ne peut pas durer ainsi. Je me sauverai, j'irai je ne sais où.
Ne te moque pas de moi, ma Claudine. Hélas, si je t'avais ici
rien que pour me battre, ça serait encore bien bon. Les deux
Aubert et Anaïs sont à Normale, Marie Belhomme est demoiselle
dans un magasin, il y a quatre nouvelles pensionnaires qui sont
des amies, et quant aux violettes je ne sais pas si elles sont en
avance, il y a longtemps que je ne me suis promenée. Adieu, ma
Claudine, si tu trouves un moyen de me rendre moins malheureuse
ou de venir me voir, fais-le, c'est une charité. J'embrasse tes beaux
cheveux, et tes chers yeux qui ne m'aimaient guère, et toute ta
figure, et ton cou blanc; ne ris pas de moi, ce n'est pas de la misère
pour rire qui fait pleurer ta*

LUCE. "

Qu'est-ce qu'elles lui font, ces deux mauvaises? Ma pauvre petite Luce sans consistance, trop méchante pour être bonne, trop lâche pour être méchante, je ne pouvais pourtant pas t'apporter avec moi! (d'ailleurs je n'en avais pas envie). Mais tu n'as plus de pastilles de menthe, plus de chocolat, et plus de Claudine. L'école neuve, l'inauguration par le ministre, le Docteur Dutertre... comme je suis loin de tout ça! Docteur Dutertre, vous êtes jusqu'ici le seul homme qui

ait osé m'embrasser, et sur le coin de la bouche encore.
Vous m'avez donné chaud et vous m'avez fait peur;
est-ce là tout ce que je dois espérer, en plus grand, de
l'homme qui m'emmènera définitivement? Comme
notions pratiques de l'amour, c'est un peu bref. Heureusement, chez moi, la théorie est beaucoup plus
complète, avec des plaques d'obscurité. Car la
bibliothèque même de papa ne saurait tout m'apprendre.

Voilà le résumé de mes premiers mois de Paris,
à peu près. Mon "cahier au net", comme nous
disions à l'École, est au courant, il ne me sera pas
difficile de l'y maintenir. Je n'ai pas grand-chose à
faire ici : coudre des petites chemises gentilles pour
mon trousseau toujours à court, et des petits pantalons
(fermés); brosser mes cheveux, — c'est si vite fait
maintenant — peigner Fanchette blanche, qui n'a
presque plus de puces depuis qu'elle se parisianise,
et l'installer avec son coussin plat sur le rebord exté-
rieur de la fenêtre pour qu'elle prenne l'air. Elle a
aperçu hier le gros chat... comment dirais-je?... ébré-
ché de la concierge, et lui a mâchouillé, du haut de
son troisième, des injures sans nom, de sa voix cam-
pagnarde et un peu enrouée d'ex-couche-dehors. Mélie
la soigne et lui apporte contre la constipation, des
pots d'herbe-à-chat, que la pauvre belle dévore. Est-ce
qu'elle songe au jardin, et au gros noyer où nous
excursionnâmes si souvent de compagnie? Je crois

que oui. Mais elle m'aime tant, elle vivrait avec moi dans le dernier des rabicoins !

J'ai goûté, escortée de Mélie, le charme des grands magasins. On me regarde dans la rue, parce que je suis pâlotte et mince, avec des cheveux courts et gonflés, et parce que Mélie porte la coiffe fresnoise. Vais-je enfin savourer la convoitise des "vieux messieurs" suiveurs, tant célébrés ? Nous verrons ça plus tard ; à présent, j'ai affaire.

J'ai surtout fait une étude des odeurs diverses, au Louvre et au Bon Marché. A la toile, c'est enivrant. O Anaïs ! Toi qui mangeais les échantillons de draps et de mouchoirs, ta demeure est ici. Cette odeur sucrée des cotonnades bleues neuves, est-ce qu'elle me passionne, ou bien si elle me donne envie de vomir ? Je crois que c'est les deux. Honte sur la flanelle et les couvertures de laine ! Ça et les œufs pourris, c'est quasiment. Le parfum des chaussures neuves a bien son prix, et aussi celui des porte-monnaie. Mais ils n'égalent pas la divine exhalaison du papier bleu gras à tracer les broderies, qui console de la poisserie écœurante des parfums et des savons...

Claire aussi m'a répondu. Elle est, encore une fois, extrêmement heureuse. Le véritable amour, elle le tient, ce coup-ci. Et elle m'annonce qu'elle va se marier. A dix-sept ans, vrai, elle "applette" ! Une basse petite vexation me fait hausser les épaules. (Fi,

Claudine, ma chère, que tu es vulgaire!) "Il est si beau, m'écrit Claire, que je ne me lasse pas de le regarder. Ses yeux sont deux étoiles, et sa barbe est si douce. Et il est si fort, si tu savais, je ne pèse pas plus qu'une plume dans ses bras! Je ne sais pas encore quand nous nous marierons, maman me trouve bien gobette. Mais je la supplie de me le permettre le plus tôt possible. Quel ne sera pas mon bonheur d'être sa femme!" Elle joint à ces délires une petite photographie de l'Aimé : c'est un large garçon qui paraît trente-cinq ans, avec une figure honnête et paisible, des petits yeux bons et une barbe touffue.

Dans son extase, elle a totalement oublié de me dire si les violettes, au versant ouest du chemin creux qui mène aux Vrimes..

Y a pas, y a pas, il faut rendre visite à ma tante Cœur, sinon, elle se fâchera avec nous quand elle nous saura depuis si longtemps à Paris, et je déteste les brouilles de famille. Papa ayant émis l'idée ingénieuse de la prévenir d'avance de notre visite, je l'en ai chaudement dissuadé :

— Tu comprends, il faut lui laisser la joie de la surprise. Nous ne l'avons pas prévenue depuis trois mois que nous avons débarqué ici, soyons bien complets, faisons-la-lui à la grande fantaisie!

(Comme ça, si elle est sortie, ça sera toujours un peu de temps de gagné. Et nous aurons rempli notre devoir.)

Nous partons, papa et moi, vers quatre heures. Papa tout bonnement sublime avec sa redingote à copieux ruban rouge et ce haut-de-forme à bord trop larges, et ce nez dominateur, et cette barbe tricolore; son aspect de " demi-solde " attendant le retour de l'Autre, son expression puérile et illuminée, enthousiasment les gamins du quartier qui l'acclament.

Moi, insoucieuse de cette popularité, j'ai revêtu ma robe neuve en drap bleu toute simple, j'ai posé sur mes cheveux... sur ce qui en reste... mon chapeau rond en feutre noir avec des plumes, ramenant avec soin des boucles à l'angle de mes yeux, et jusqu'aux sourcils. L'appréhension de la visite me donne mauvaise mine; il n'y a pas encore grand-chose à faire pour me donner mauvaise mine!

Avenue de Wagram, ma tante Cœur habite une magnifique maison neuve déplaisante. L'ascenseur rapide inquiète papa. Moi, tout ce blanc des murs, de l'escalier, des peintures, m'offense un peu. Et madame Cœur... " est chez elle ". Quelle guigne!

Le salon où nous attendons une minute continue désespérément les blancheurs de l'escalier. Boiseries blanches, meubles blancs et légers, coussins blancs à fleurs claires, cheminée blanche. Grand Dieu, il n'y a pas un seul coin sombre! Moi qui ne me sens à l'aise et en sécurité que dans les chambres obscures, les bois foncés, les fauteuils lourds et profonds! Ce " quinze-seize " blanc des fenêtres, il fait un bruit de zinc froissé...

Entrée de ma tante Cœur. Elle est ahurie, mais bien sympathique. Et comme elle se complaît dans sa ressemblance auguste! Elle a, de l'impératrice Eugénie, le nez distingué, les bandeaux lourds qui grisonnent, le sourire un peu tombant. Pour rien au monde, elle ne quitterait son chignon bas (et postiche), ni la jupe à fronces en soie qui ballonne, ni la petite écharpe de dentelle qui *badine* (hé hé!) sur ses épaules, tombantes comme son sourire. Ma tante, ce que votre Majesté d'avant 1870 jure avec ce salon en crème fouettée du plus pur dix-neuf cent...

Mais elle est charmante, ma tante Cœur! Elle parle un français châtié qui m'intimide, s'exclame sur notre installation imprévue — ah! pour imprévue, elle l'est — et n'en finit pas de me regarder. Je n'en reviens pas d'entendre quelqu'un appeler papa par son petit nom. Et elle dit vous à son frère :

— Mais Claude, cette enfant — charmante et d'un type tout à fait personnel d'ailleurs — n'est pas encore bien remise; vous avez dû la soigner à votre façon, la pauvrette! Que vous n'ayez pas eu l'idée de m'appeler, voilà ce que je n'arrive pas à comprendre! Toujours le même!...

Papa supporte mal les objections de sa sœur, lui qui se cabre si rarement. Ils ne doivent pas souvent être du même avis et se grafignent tout de suite. Je m'intéresse.

— Wilhelmine, j'ai soigné ma fille comme je le devais. J'avais des soucis en tête, pour le reste, et je ne peux pas penser à tout.

— Et cette idée de loger rue Jacob! Mon ami, les quartiers neufs sont plus sains, plus aérés et mieux construits, sans coûter davantage, je ne comprends pas... Tenez, au 145 *bis*, à dix pas d'ici, il y a un appartement délicieux, et nous serions toujours les uns chez les autres, cela distrairait Claudine, et vous-même...

(Papa bondit.)

— Habiter ici ? Ma chère amie, vous êtes la femme la plus exquise de la terre, mais pour un boulet de canon je ne vivrais pas en votre compagnie !

(Aïe donc ! Ben fait ! Je ris de tout mon cœur, cette fois, et la tante Cœur paraît stupéfaite de me voir si peu affectée de leurs dissentiments.)

— Petite fille, vous ne préféreriez pas un joli logis clair comme celui-ci à cette rive gauche, noire et mal fréquentée ?

— Ma tante, je crois que j'aime mieux la rue Jacob et l'appartement de là-bas, parce que les chambres claires me rendent triste.

Elle lève ses sourcils arqués à l'espagnole sous ses rides concentriques et semble mettre mes paroles démentes sur le compte de mon état de santé. Et elle entretient papa de leur famille.

— J'ai avec moi, ici, mon petit-fils Marcel ; vous savez, le fils de cette pauvre Ida (??). Il fait sa philosophie, et il a l'âge de Claudine. Celui-là, ajouta-t-elle radieuse, je ne vous en dis rien, c'est un trésor pour une grand-mère. Vous le verrez dans un instant : il rentre à cinq heures, et je tiens à vous le montrer.

Papa fait "oui" d'un air pénétré, et je vois bien qu'il ignore radicalement qui est Ida, qui est Marcel, et qu'il s'embête déjà d'avoir retrouvé sa famille! Ah! que j'ai du goût! Mais mon divertissement est intérieur, et je ne brille pas par la conversation. Papa meurt d'envie de s'en aller, et n'y résiste qu'en parlant de son grand traité de Malacologie. Enfin, une porte bat; un pas léger, et le Marcel annoncé entre... Dieu, qu'il est joli!

Je lui donne la main sans rien dire, tant je le regarde. Je n'ai jamais rien vu de si gentil. Mais c'est une fille, ça! C'est une gobette en culottes! Des cheveux blonds un peu longs, la raie à droite, un teint comme celui de Luce, des yeux bleus de petite Anglaise et pas plus de moustache que moi. Il est rose, il parle doucement, avec une façon de tenir sa tête un peu de côté en regardant par terre. On le mangerait! Papa, cependant, paraît insensible à tant de charme si peu masculin, tandis que tante Cœur boit des yeux son petit-fils.

— Tu rentres bien tard, mon chéri, il ne t'est rien arrivé?

— Non, grand-mère, répond suavement la petite merveille en levant ses yeux purs.

Papa, qui continue d'être à cent lieues de là, questionne Marcel, nonchalamment, sur ses études. Et je regarde toujours ce joli cousin en sucre! Lui, en revanche, ne me regarde guère, et, si mon admiration n'était pas si désintéressée, j'en ressentirais un peu d'humiliation. Tante Cœur, qui constate avec joie l'effet produit par son chérubin, tente de nous rapprocher un peu :

— Tu sais, Marcel, Claudine a ton âge; ne ferez-vous pas une paire de camarades? Voici bientôt les vacances de Pâques.

J'ai fait un vif mouvement en avant pour acquiescer; le petit, surpris de mon élan, lève sur moi des yeux polis et répond avec un entrain modéré :

— J'en serai très heureux, grand-mère, si Madem... si Claudine le veut bien.

Tante Cœur ne tarit plus, dit longuement la sagesse du chéri, sa douceur : " Jamais je n'eus à élever la voix. " Elle nous fait mettre épaule contre épaule, Marcel est plus grand de tout ça! (*Tout ça*, c'est trois centimètres, voilà bien de quoi faire du raffut!) Le trésor veut bien rire et s'animer un peu. Il corrige sa cravate devant la glace. Il est habillé comme une jolie gravure de modes. Et cette démarche, cette démarche balancée et glissante! Cette façon de se retourner en pliant sur une hanche! Non, il est trop beau! Je suis tirée de ma contemplation par cette question de tante Cœur :

— Claude, vous dînez ici tous les deux, n'est-ce pas?

— Fichtre non! éclate papa qui se crève d'ennui. J'ai un rendez-vous à la maison avec... avec Chose qui m'apporte des documents, des do-cu-ments pour mon Traité. Filons, petite, filons!

— Je suis désolée... et demain je ne dîne pas chez

moi... Je suis assez prise cette saison, je me suis laissé inviter par les uns et les autres... Voulez-vous jeudi? Dans l'intimité, bien entendu. Claude, vous m'écoutez?

— Je suis suspendu à vos lèvres, ma chère, mais je suis bougrement en retard. A jeudi, Wilhelmine. Adieu, jeune Paul... non, Jacques...

Je dis adieu aussi, sans empressement. Marcel reconduit, tout à fait correct, et baise mon gant.

Retour silencieux dans les rues allumées. Je n'ai pas encore l'habitude de me trouver dehors à cette heure-ci, et les lumières, les passants noirs, tout ça me serre la gorge, nerveusement; j'ai hâte de rentrer. Papa, délesté du souci de sa visite, fredonne allégrement des chansons de l'Empire (du premier). " Neuf mois après, un doux gage d'amour... "

La lampe douce et le couvert mis me réchauffent et me délient la langue.

— Mélie, j'ai vu ma tante. Mélie, j'ai vu mon cousin. Il est comme ci, comme ça, il est peigné " bramant ", il a la raie de quart, il s'appelle Marcel.

— Acoute[1], mon guélin, acoute! Tu m'assourdis. Viens mamer la papoue[2]. Enfin c'est pas trop tôt, t'auras donc un galant!

— Grosse gourde! Arnie de bon sang, faut-il que tu sois bouchée! C'est pas un galant! Est-ce que je

---

1. Attends.
2. Manger la soupe. Argot des nourrices fresnoises.

le connais seulement? Tu m'arales, tiens, je vais dans ma chambre.

Et j'y vais en effet; a-t-on idée! Avec ça qu'un petit mignon comme Marcel pourrait être un amoureux pour moi! S'il me plaît tant, et si j'en fais si peu mystère, c'est justement parce qu'il me semble aussi peu mâle que Luce elle-même...

D'avoir revu des gens qui vivent la vie de tout le monde, d'avoir parlé à d'autres qu'à Fanchette et Mélie, j'ai eu une fièvre légère, plutôt agréable, qui m'a tenue éveillée une partie de la nuit. Les idées de minuit ont dansé dans ma tête. J'ai peur de ne savoir que répondre à cette aimable tante Cœur descendue d'une toile de Winterhalter; elle va me prendre pour une buse. Dame, ça ne développe pas le don de repartie, seize ans de Montigny, dont dix années d'école! On sort de là avec tout juste un vocabulaire suffisant pour invectiver contre Anaïs et embrasser Luce. Cette jolie fillette de Marcel ne doit pas savoir dire *zut*, seulement. Il va se ficher de moi, jeudi, si j'épluche mes bananes avec les dents. Et ma robe pour le dîner? Je n'en ai pas, je serai obligée de remettre celle de l'inauguration des écoles; mousseline blanche à fichu croisé. Il va la trouver médiocre.

De sorte que m'étant endormie cette nuit en l'admirant à bouche ouverte, ce petit de qui les pantalons ne font pas un pli, je me réveille ce matin avec l'envie de lui coller des gifles... Tout de même, si Anaïs le voyait, elle serait capable de le violer! La grande Anaïs, avec sa figure jaune et ses gestes secs, violant le petit Marcel, ça fait une drôle d'image. J'en ris malgré moi quand j'entre dans le trou à livres de papa.

Tiens, papa n'est pas seul : il cause avec un monsieur, un monsieur jeune à l'air raisonnable, barbu en carré. Il paraît que c'est un homme " de premier ordre ", M. Maria, vous savez, qui a découvert les grottes souterraines de X... Papa l'a connu dans un endroit embêtant, la Société de géographie ou une autre Sorbonne, et s'est allumé sur ces grottes où, peut-être, d'hypothétiques limaces fossiles... Il lui dit en me montrant : " C'est Claudine ", comme il aurait dit : " C'est Léon XIII, vous n'ignorez pas qu'il est pape. " Sur quoi, M. Maria s'incline d'un air parfaitement au courant. Un homme comme ça, qui tripote tout le temps dans les cavernes, bien sûr ça doit sentir l'escargot.

Après le déjeuner, j'affirme mon indépendance.

— Papa, je sors.

(Ça ne passe pas si bien que j'aurais cru.)

— Tu sors? Avec Mélie, je pense?

— Non, elle a du raccommodage.

— Comment, tu veux sortir toute seule?

J'ouvre des yeux comme des palets de tonneau :

— Pardi, bien sûr, je sors toute seule, qu'est-ce qu'il y a?

— Il y a qu'à Paris, les jeunes filles...

— Voyons, papa, il faut tâcher d'être logique avec soi-même. A Montigny, je "trôlais" dans les bois tout le temps : c'était rudement plus dangereux qu'un trottoir de Paris, il me semble.

— Il y a du vrai. Mais je pourrais pressentir à Paris des dangers d'une autre nature. Lis les journaux.

— Ah! fi, mon père, c'est offenser votre fille qu'admettre même une telle supposition! (Papa n'a pas l'air de comprendre cette allusion superfine. Sans doute il néglige Molière qui ne s'occupe pas assez de limaces.) Et puis, je ne lis jamais les faits divers. Je vais aux magasins du Louvre : il faut que je sois propre pour le dîner de ma tante Cœur, je manque de bas fins et mes souliers blancs sont usés. Do-moi de la belle argent, j'ai plus que cent six sous[1].

---

1. Dans le Fresnois, on compte par sous jusqu'à six francs. Exception faite pour soixante sous qu'on prononce "trois francs" comme ailleurs.

Eh bien, ce n'est pas si terrible de sortir seule dans Paris. J'ai rapporté de ma petite course à pied des observations très intéressantes : 1° il fait beaucoup plus chaud qu'à Montigny; 2° on a le dedans du nez noir quand on rentre; 3° on se fait remarquer quand on stationne seule devant les kiosques à journaux; 4° on se fait également remarquer quand on ne se laisse pas manquer de respect sur le trottoir.

Narrons l'incident relatif à l'observation n° 4. Un monsieur très bien m'a suivie, rue des Saints-Pères. Pendant le premier quart d'heure, jubilation intérieure de Claudine. Suivie par un monsieur très bien; comme dans les images d'Albert Guillaume! Deuxième quart d'heure : le pas du monsieur se rapproche, je presse le mien, mais il garde sa distance. Troisième quart d'heure : le monsieur me dépasse, en me pinçant le derrière d'un air détaché. Bond de Claudine, qui lève son parapluie et l'assène sur la tête du monsieur, avec une vigueur toute fresnoise. Chapeau du monsieur dans le ruisseau, joie immense des passants, disparition de Claudine confuse de son trop grand succès.

Tante Cœur est très gentille. Avec un mot aimable, elle m'a envoyé une chaînette en or, pour le cou, coupée par des petites perles rondes de dix en dix centimètres. Fanchette trouve ce bijou charmant; elle a déjà aplati deux chaînons, et elle mâche les perles sur ses grosses dents, comme un lapidaire.

En me préparant pour le dîner du jeudi, je songe à mon décolletage. Il est tout petit petit, mais si j'allais paraître trop maigre? Assise dans mon cuveau, toute nue, je constate que je me remplume un peu; mais il y a encore à faire. Une chance que mon cou est resté solide! Ça me sauve. Tant pis pour les deux petites salières d'en dessous! Je perds mon temps dans l'eau chaude, à compter mes osselets dans le dos, à mesurer si j'ai la même longueur des aines aux pieds que des aines au front, à me pincer le mollet droit parce que ça correspond dans l'omoplate gauche. (A chaque pinçon, une drôle de petite piqûre derrière l'épaule.) Et quelle joie pure de pouvoir accrocher mes pieds derrière ma nuque! Comme disait la grande Anaïs, cette sale : " Ça doit être rudement amusant de pouvoir se ronger les ongles des pieds! "

Mon Dieu, que j'ai peu de gorge! (A l'école, ça s'appelle des *nichons* et Mélie dit des *tétés*.) Je songe à nos " Concours " d'il y a trois ans, pendant les rares promenades du jeudi.

Sur une lisière de bois, dans un chemin creux, nous nous asseyions en rond, — nous, les quatre grandes — et nous ouvrions nos corsages. Anaïs (quel toupet!) montrait un coin de peau citronnée, gonflait son estomac et disait avec aplomb : "*Ils* ont beaucoup forci depuis le mois dernier!" Je t'en fiche! Le Sahara! Luce, blanche et rose, dans sa chemise rude de pensionnaire — des chemises à poignets sans même un feston, c'est la règle — découvrait un " vallonnement médian ", à peine indiqué, et deux pointes roses et petites comme les mamelles de Fanchette. Marie Belhomme... le dessus de ma main. Et Claudine? Un petit coffre bombé, mais à peu près autant de seins qu'un garçon un peu gras. Dame, à quatorze ans... L'exhibition terminée, nous refermions nos corsages, avec l'intime conviction, chacune, d'*en* avoir beaucoup plus que les trois autres.

Ma robe de mousseline blanche, bien repassée par Mélie, me semble encore assez gentille pour que je la revête sans maussaderie. Mes pauvres beaux cheveux ne la caressent plus jusqu'aux reins; mais ils me coiffent si drôlement, que je ne languis pas trop après ma toison de jadis, ce soir. Mille troupeaux de porcs! (comme dit Papa), il ne s'agit pas d'oublier ma chaîne en or.

— Mélie! Papa s'habille?

— S'ment que de trop, qu'il s'habille. Il m'a " brégé " déjà trois faux cols. Va donc y mettre sa crévate.

J'y cours, mon noble père est ficelé dans un habit noir un peu démodé, un peu beaucoup démodé, mais il ne peut pas ne point être imposant.

— Applette, applette, papa, il est sept heures et demie. Mélie, tu feras dîner Fanchette. Ma cape en drap rouge, et filons.

Ce salon blanc, avec des poires électriques dans tous les coins, me rendra épileptique. Papa pense comme moi, déteste cet aspect crème cher à sa sœur Wilhelmine, et le proclame sans ambages :

— Tu me croiras, si tu veux, je me ferais fesser en place publique plutôt que de coucher dans ce saint-honoré.

Mais le joli Marcel arrive et embellit tout de sa présence. Qu'il est charmant! Mince et léger dans un smoking, les cheveux d'un blond de lune, sa peau translucide se veloute aux lumières comme un intérieur de volubilis. Pendant qu'il nous dit bonsoir, j'ai bien vu que ses clairs yeux bleus m'inspectaient prestement.

Tante Cœur le suit, éblouissante! Cette robe de soie gris perle, à volants de chantilly noir, date-t-elle de 1867 ou de 1900? De 1867 plutôt, seulement un cent-gardes se sera un peu assis sur la crinoline. Les deux bandeaux gris sont bien gonflés et bien lisses; ce regard bleu pâle sous les paupières tombantes et fripées, elle a dû autrefois l'étudier si bien, d'après

la comtesse de Téba, qu'il donne son effet tout seul.
Elle marche en glissant, porte les emmanchures basses,
et se montre pleine... d'urbanité. " Urbanité " est un
substantif qui lui sied aussi bien que ses bandeaux.

Pas d'autres invités que nous. Mais, bon sang, on
s'habille chez tante Cœur! A Montigny, je dînais en
tablier d'école, et papa gardait le vêtement impossible
à nommer — houppelande, redingote, pardessus, un
produit bâtard de tout ça, — qu'il avait revêtu depuis
le matin pour faire paître ses limaces. Si on se décollète
dans l'intimité stricte, qu'est-ce que je mettrai pour
les grands dîners? Peut-être ma chemise à bretelles
en ruban rose...

(Claudine, ma vieille, trêve de digressions! Tu vas
tâcher de manger correctement et de ne pas dire,
quand on passera un plat que tu n'aimes pas : " En-
levez, ça me rebute! ")

Bien entendu, je m'assieds à côté de Marcel. Pitié-
malheur! La salle à manger est blanche aussi! Blanche
et jaune, mais c'est quasiment. Et les cristaux, les
fleurs, la lumière électrique, tout ça fait un raffut sur
la table, à croire qu'on l'entend. C'est vrai, ces pétil-
lements de lumière me donnent une impression de
bruit.

Marcel, sous l'œil attendri de tante Cœur, fait la
jeune fille du monde et me demande si je m'amuse
à Paris. Un " non " farouche est d'abord tout ce qu'il
obtient. Mais bientôt je m'humanise un peu, parce

que je mange une petite timbale aux truffes qui consolerait une veuve de la veille, et je condescends à expliquer :

— Vous comprenez, je me doute bien que je m'amuserai plus tard, mais, jusqu'à présent, j'ai une peine extrême à m'habituer à l'absence des feuilles. Les troisièmes étages, à Paris, n'abondent pas en " talles " vertes.

— En quoi... vertes?

— En " talles "; c'est un mot fresnois, ajouté-je avec une certaine fierté.

— Ah! c'est un mot de Montigny? Pas banal! " Des talles verrrtes ", répète-t-il, taquin, en roulant l'*r*.

— Je vous défends de m'écharnir[1]! Si vous croyez que c'est plus élégant votre *r* parisien qu'on grasseye du fond de la gorge, comme un gargarisme!

— Fi! la sale! Est-ce que vos amies vous ressemblent?

— Je n'avais pas d'amies. Je n'aime pas beaucoup avoir des amies. Luce avait la peau douce, mais ça ne suffit pas.

— " Luce avait la peau douce... " Quelle drôle de façon d'apprécier les gens!

— Pourquoi drôle? Au point de vue moral, Luce n'existe pas. Je la considère du point de vue physique,

---

1. Imiter par moquerie.

et je vous dis qu'elle a les yeux verts et la peau douce.

— Vous vous aimiez bien ?

(La jolie figure vicieuse ! Que ne lui dirait-on pas pour voir luire ces yeux-là ? Vilain petit garçon, va !)

— Non, je ne l'aimais guère. Elle, oui ; elle a bien pleuré quand je suis partie.

— Mais, alors, que lui préfériez-vous ?

Ma tranquillité enhardit Marcel, il me prend peut-être pour une oie et me poserait volontiers des questions plus précises ; mais les grandes personnes se taisent un instant, pendant qu'un domestique à figure de curé change les assiettes, et nous nous taisons, déjà un peu complices.

Tante Cœur promène de Marcel à moi son regard bleu et lassé.

— Claude, dit-elle à papa, regardez comme ces deux enfants se font mutuellement valoir. Le teint mat de votre fille et ses cheveux touchés de reflets de bronze, et ses yeux profonds, toute cette apparence brune d'une petite fille qui n'est pas brune blondit encore mon chérubin, n'est-ce pas ?

— Oui, répond papa avec conviction ; il est beaucoup plus fille qu'elle.

Son chérubin et moi, nous baissons les yeux comme il sied à des gosses gonflés, à la fois, d'envie de pouffer et d'orgueil. Et le dîner se poursuit sans autres confidences. Une admirable glace à la mandarine me détache d'ailleurs de toute autre préoccupation.

Au bras de Marcel, je reviens au salon. Et tout de suite on ne sait plus que faire. Tante Cœur semble avoir des choses austères à confier à papa, et nous écarte :

— Marcel, mon mignon, montre un peu l'appartement à Claudine. Tâche qu'elle s'y sente un peu chez elle, sois gentil...

— Venez, me dit le "mignon", je vais vous faire voir ma chambre.

J'avais bien pensé qu'elle était blanche, elle aussi! Blanche et verte, avec des roseaux minces sur fond blanc. Mais tant de blancheurs m'inspirent à la fin l'envie inavouable d'y verser des encriers, des tas d'encriers, de barbouiller les murs au fusain, de souiller ces peintures à la colle, avec le sang d'une coupure au doigt... Dieu! comme je deviendrais perverse dans un appartement blanc!

Je vais droit à la cheminée où je vois un cadre à photographie. Empressé, Marcel tourne le bouton d'une ampoule électrique au-dessus de nous.

— C'est mon meilleur ami... Charlie, presque un frère. N'est-ce pas qu'il est bien?

Beaucoup trop bien, même : les yeux foncés aux cils courbes, un rien de moustache noire au-dessus d'une bouche tendre, la raie de quart, comme Marcel.

— Je vous crois qu'il est beau! Presque aussi beau que vous, dis-je sincèrement.

— Oh! bien plus, s'écrie-t-il avec feu, la photo-

graphie ne saurait rendre la peau blanche, les cheveux
noirs. Et c'est une âme si charmante...

Et patia-patia ! Ce joli saxe s'anime enfin. J'écoute
sans broncher le panégyrique du splendide Charlie,
et quand Marcel se ressaisit, un peu confus, je réplique
d'un air convaincu et naturel :

— Je comprends. C'est vous qui êtes sa Luce.

Il a fait un pas à reculons, et, sous la lumière, je
vois ses jolis traits qui durcissent et son teint impressionnable qui se décolore insensiblement.

— Sa Luce ? Claudine, qu'est-ce que vous voulez
dire ?

Avec l'aplomb que je dois à deux coupes de champagne, je secoue les épaules :

— Mais oui, sa Luce, son chouchou, sa chérie,
quoi ! Il n'y a qu'à vous voir, est-ce que vous avez
l'air d'un homme ? C'est donc ça que je vous trouvais
si joli !

Et comme, immobile, il me regarde à présent d'une
façon glaciale, j'ajoute de plus près, en lui souriant
bien en face :

— Marcel, je vous trouve tout aussi joli à présent,
croyez-le bien. Est-ce que je ressemble à quelqu'un
qui voudrait vous causer des ennuis ? Je vous taquine,
mais je ne suis pas méchante, et il y a beaucoup de
choses que je sais très bien regarder en silence, —
et écouter aussi. Je ne serai jamais la petite cousine
à qui son pauvre cousin se croit forcé de faire la cour,

comme dans les livres. Songez donc, dis-je encore en riant, que vous êtes le petit-fils de ma tante, mon neveu à la mode de Bretagne; Marcel, ce serait presque de l'inceste.

Mon " neveu " prend le parti de rire, mais il n'en a pas grande envie.

— Ma chère Claudine, je crois en effet que vous ne ressemblez pas aux petites cousines des bons romans. Mais je crains que vous n'ayez rapporté de Montigny l'habitude des plaisanteries un peu... risquées. S'il y avait eu là quelqu'un pour nous entendre, grand-mère par exemple... ou votre père...

— Je n'ai fait que vous rendre la pareille, dis-je fort doucement. Et je n'ai pas jugé à propos d'attirer l'attention des parents, quand vous me questionniez sur Luce avec tant d'insistance.

— Vous aviez plus à perdre que moi, à attirer l'attention!

— Pensez-vous? Je crois que non. Ces petites amusettes-là, ça s'appelle pour les gamines " jeux de pensionnaires ", mais quand il s'agit de garçons de dix-sept ans, c'est presque une maladie...

Il fait de la main un geste violent.

— Vous lisez trop! Les jeunes filles ont trop d'imagination pour bien comprendre ce qu'elles lisent, fussent-elles originaires de Montigny.

J'ai mal travaillé. Ce n'est pas là que je voulais en venir.

— Est-ce que je vous ai fâché, Marcel? Je suis bien maladroite! Moi qui voulais seulement vous prouver que je n'étais pas une oie, que je savais comprendre... comment dire? goûter certaines choses... Voyons, Marcel, vous n'exigez pourtant pas que je voie en vous le potache à gros os et à grands pieds qui fera un jour le plus beau des sous-officiers! Regardez-vous, n'êtes-vous pas, Dieu merci, presque tout pareil à la plus jolie de mes camarades d'école? Donnez-moi la main...

Oh! fille manquée! Il n'a souri, furtivement, qu'aux compliments trop vifs. Il me tend sa petite patte soignée, sans mauvaise grâce.

— Claudine, méchante Claudine, rentrons vite en passant par la chambre à coucher de grand-mère. Je ne suis plus fâché, encore un peu estomaqué seulement. Laissez-moi réfléchir. Vous ne me semblez pas, vous, un trop mauvais *garçon*...

Ça m'est bien égal, son ironie! Le voir bouder et le voir sourire après, c'est tout un bonheur. Je ne plains guère son ami aux cils courbes, et je leur souhaite à tous deux de se disputer souvent.

D'un air bien naturel, — oh! bien naturel — nous poursuivons le tour du propriétaire. Quel bonheur, la chambre de tante Cœur est adéquate (aïe donc!) à sa propriétaire! Elle y a rassemblé — ou exilé — les meubles de sa chambre de jeune fille, les souvenirs de son beau temps. Le lit en palissandre à moulures, et les fauteuils en damas rouge qui ressemblent tous au trône de Leurs Majestés Impériales, et le prie-Dieu en tapisserie hérissé de sculptures en chêne, et une copie criarde d'un bureau de Boule, et des consoles en veux-tu en voilà. Du ciel de lit dégoulinent des rideaux de damas, et la garniture de cheminée, amas informe et compliqué d'amours, d'acanthes, de volutes en bronze doré, me remplit d'admiration. Marcel méprise abondamment cette chambre, et nous nous disputons à propos du style moderne et du blanc d'œufs battus. Ce chamaillis esthétique nous permet de regagner, plus calmes, le salon où papa, sous la pluie douce et tenace des conseils de tante Cœur, bâille comme un lion en cage.

— Grand-mère, s'écrie Marcel, Claudine est impayable! Elle préfère votre chambre au reste de l'appartement.

— Petite fille, dit ma tante en me caressant de son sourire languide, ma chambre est fort laide, pourtant...

— ... Mais elle vous va bien, tante. Pensez-vous que vos bandeaux " cordent " avec ce salon? Dieu merci, vous le savez bien, puisque vous avez conservé un coin de votre vrai cadre!

Ce n'est peut-être pas un compliment, ça, mais elle se lève et vient m'embrasser très gentiment. Tout à coup, papa bondit et tire sa montre :

— Mille troupeaux de...! Pardon, Wilhelmine,

mais il est dix heures moins cinq, et cette petite sort pour la première fois depuis sa maladie... Jeune homme, va nous commander une carriole!

Marcel sort, revient rapidement — avec cette prestesse souple à se retourner dans une embrasure de porte — et m'apporte ma cape de drap rouge qu'il pose adroitement sur mes épaules.

— Adieu, tante.

— Adieu, ma petite fille. Je reçois le dimanche. Vous seriez toute mignonne de venir servir mon thé à cinq heures avec votre ami Marcel.

Mon âme prend la forme d'un hérisson :

— Je ne sais pas, tante, je n'ai jamais...

— Si, si, il faut que je fasse de vous une petite personne aussi aimable qu'elle est jolie! Adieu, Claude, ne vous enfermez pas trop dans votre tanière, pensez un peu à votre vieille sœur!

Mon "neveu", au seuil, me baise le poignet un peu plus fort, appuie son "A dimanche" d'un sourire malin et d'une moue délicieuse, et... voilà.

Tout de même, j'ai bien failli me brouiller avec ce gamin! Claudine, ma vieille, tu ne te corrigeras jamais de ce besoin de fouiner dans ce qui ne te regarde pas, de ce petit désir un peu méprisable de montrer que, finaude et renseignée, tu comprends un tas de choses au-dessus de ton âge! Le besoin d'étonner, la soif de troubler la quiétude des gens et d'agiter des existences trop calmes, ça te jouera un mauvais tour.

Je suis beaucoup plus à ma place, ici, accroupie sur mon lit bateau et caressant Fanchette qui commence sa nuit sans m'attendre, confiante et le ventre en l'air. Mais... pardon, pardon! Je les connais ces sommeils souriants, Fanchette, ces heures béates de ronron persistant. Et je connais aussi cet arrondissement des flancs, et ce ventre exceptionnellement soigné où pointent de petites mamelles roses. Fanchette, tu as fauté! Mais avec qui? " C'est à se briser la tête contre les murs, Dieu juste! " Une chatte qui ne sort pas, un chat de concierge incomplet... qui, qui? Tout de même, je suis joliment contente. Des chatons en perspective! Devant cet avenir joyeux le prestige de Marcel lui-même, pâlit.

J'ai demandé à Mélie des éclaircissements sur cette grossesse suspecte. Elle a tout avoué.

— Ma guéline, pendant ces derniers temps, la pauvre belle avait bien besoin! Elle a souffri trois jours, hors d'état; alors j'ai demandé dans le voisinage. La bonne d'en dessous m'a prêté un beau mari pour elle, un beau gris rayé. J'y ai donné mas[1] de lait pour l'assurer, et la pauvre belle ne s'est pas fait prier : ils ont cordé tout de suite.

Comme elle devait se languir cette Mélie, de s'entremettre pour le compte de quelqu'un, fût-ce pour la chatte! Elle a bien fait.

---

1. Beaucoup.

La maison devient le rendez-vous de gens plus étonnants et plus scientifiques les uns que les autres. M. Maria, celui des grottes du Cantal, y amène souvent sa barbe d'homme timide. Quand nous nous rencontrons dans le trou à livres, il salue d'un air empoté et me demande en balbutiant des nouvelles de ma santé, que je lui affirme lugubrement " très mauvaise, très mauvaise, monsieur Maria ". J'ai fait connaissance avec de gros hommes décorés et généralement mal mis qui s'adonnent à la culture des fossiles, je crois... Pas excitants, les amis de papa!

A quatre heures, aujourd'hui, Marcel est venu me voir "tiré à quatre chevaux" au dire de Mélie. Je l'accueille comme le soleil, et je le mène au salon, où il s'amuse beaucoup de la disposition des meubles et de la cloison factice que crée le grand rideau. "Venez, mon neveu, je vais vous montrer ma chambre." Il considère le lit bateau et les petits meubles dépareillés avec cette gaieté un peu méprisante que lui inspire la chambre de tante Cœur, mais Fanchette l'intéresse vivement.

— Comme elle est blanche!
— C'est que je la brosse tous les jours.
— Et grasse!
— Pardi, elle est enceinte.
— Ah! elle est...
— Oui, cette toquée de Mélie lui a apporté un matou parce que Fanchette était en folie pendant ma maladie; cette entrevue portera des fruits, vous voyez!

Ma liberté à parler de ces choses le gêne visiblement. Je me mets à rire et il me regarde, avec une petite mine choquée.

— Vous me regardez, parce que je ne parle pas convenablement? C'est que là-bas, à la campagne, on assiste tous les jours à des épousailles très rapides de vaches, de chiens et de chèvres, et de chats, donc! Là-bas, ce n'est pas inconvenant.

— Oh! pas inconvenant! Vous savez, dans *La Terre* de Zola j'ai très bien vu ce qu'il en était. Les paysans considèrent quelquefois ces choses-là autrement qu'avec des yeux de cultivateurs.

— Votre Zola n'y entend rien de rien, à la campagne. Je n'aime pas beaucoup ce qu'il fait, en général...

Marcel furette de l'œil dans tous les coins et se promène. Comme il a les pieds petits! Il a trouvé la *Double maîtresse* sur mon bureau et me menace de son doigt pointu :

— Claudine, Claudine, je le dirai à mon oncle!

— Mon ami, il s'en fiche pas mal.

— Quel papa commode! Si grand-mère était aussi coulante! Oh! ça ne m'empêche pas de lire, répond-il à mon menton interrogateur; mais j'ai été forcé, pour avoir la paix, de prétendre que j'avais peur la nuit et qu'il me fallait de la lumière dans ma chambre.

J'éclate de rire.

— Peur! Vous avez dit que vous aviez peur! sans honte?

— Oh! qu'est-ce que ça fait! Grand-mère m'a élevé — et elle continue — comme une petite fille.

Ce dernier mot nous remet vivement en mémoire

la scène d'avant-hier au soir, et nous rougissons ensemble (lui plus que moi, il est si blanc!). Et nous pensons si bien à la même chose qu'il me demande :

— Vous n'avez pas une photographie de Luce?
— Non; pas une seule.
— Ça, c'est un mensonge.
— Ma pure parole! Et d'ailleurs, vous la trouveriez peut-être laide. Mais je ne suis pas coquette de Luce, tenez, voici la seule lettre qu'elle m'ait écrite.

Il lit avidement la pauvre lettre au crayon, et ce petit Parisien amoureux des faits divers s'exalte :

— Mais c'est un drame, une séquestration! Si on saisissait les tribunaux?
— En voilà une idée! Qu'est-ce que ça peut vous fiche?
— Ce que ça me fait? Mais, Claudine, c'est une cruauté, relisez ça!

Je m'appuie, pour lire, sur son épaule fragile. Il sourit parce que mes cheveux lui entrent dans l'oreille. Mais je n'appuie pas davantage. Je lui dis seulement :

— Vous n'êtes plus fâché, Marcel?
— Non, non, fait-il précipitamment. Mais, je vous en prie, racontez-moi Luce. Je serai si gentil, si vous me racontez Luce! Tenez, j'apporterai un collier à Fanchette.
— Ouiche! Elle le mangerait. Mon pauvre ami, il n'y a rien à raconter. Et d'ailleurs, je ne ferai qu'*échanger* des confidences avec vous. Donnant, donnant.

Il boude comme une fille, le front en avant et la bouche gonflée.

— Dites-moi, Marcel, est-ce que vous faites souvent cette figure-là à... à votre ami ? Rappelez-moi donc son prénom...

— Il s'appelle Charlie, répond mon " neveu " après avoir hésité.

— Son âge ? Allons, allons, il faut tout vous arracher !

— Il a dix-huit ans. Mais très sérieux, très mûr pour son âge... Vous vous êtes figuré des choses, vraiment !...

— Oh ! écoutez, vous m' " aralez ". Nous n'allons pas recommencer, hein ? Soyez sa petite amie, mais soyez mon camarade, une bonne fois, et je vous raconterai Luce, là !

Avec sa grâce désarmante, il me saisit doucement les poignets.

— Oh ! que vous êtes gentille ! Il y a si longtemps que je voulais avoir de *vraies* confidences de jeune fille ! Ici, à Paris, les jeunes filles sont des femmes ou des cruches. Claudine, dites, mon amie Claudine, je serai votre confident !

Est-ce là la petite perfection froide du premier jour ? Il me parle en me tenant les mains, et joue de ses yeux, de sa bouche, de toute sa figure, pour obtenir une confidence, comme il en joue, je suis sûre, pour obtenir une caresse, une réconciliation. Et l'idée me vient d'inventer des turpitudes que je n'ai pas commises. Il m'en raconterait d'autres — qu'il a sans doute commises... C'est assez vilain, ce que je fais là. Mais comment voulez-vous? Je ne peux pas me fourrer dans l'idée que je joue avec un garçon. S'il m'avait pris la taille ou embrassée, je lui aurais déjà griffé les yeux, et tout en serait resté là. Le mal vient de ce qu'il n'y a pas de danger...

Mon "neveu" n'est pas d'humeur à me laisser réfléchir longtemps. Il me tire par les poignets, m'assoit dans mon crapaud, et s'installe par terre sur mon coussin en balles de blé, en tirant son pantalon pour ne pas le marquer aux genoux :

— Là, nous sommes bien installés. Oh! que cette cour sombre est vilaine! Je baisse le rideau, vous voulez bien? Et maintenant, racontez-moi comment ça a commencé.

Dans la glace, longue, je nous vois. Nous ne sommes pas laids, je dois le dire, il y a plus mal. Mais qu'est-ce que je vais lui forger, à ce blondin avide qui m'écoute de si près que je vois tous les rayons, bleu ardoise sur bleu pervenche, qui étoilent ses iris? Claudine, ma petite servante, souviens-toi de l'École. Tu n'en es pas à un mensonge près.

— Je ne sais pas, moi. Ça ne commence pas, ces histoires-là. C'est... une transformation lente de la vie habituelle, une...

— ... infiltration...

— Merci bien, Monsieur : on voit que vous vous y connaissez.

— Claudine, Claudine, ne vous perdez pas dans les généralités. Les généralités sont incolores. Tenez votre promesse, racontez. Il faut me décrire Luce d'abord. Un chapitre d'exposition, mais court!

— Luce? C'est bientôt fait. Petite, châtaine, blanche et rosée, des yeux verts bridés, des cils retroussés — comme les vôtres — le nez trop petit et la figure un peu kalmouke... Là, je vous disais bien que vous n'aimeriez pas ce type-là! Attendez. Des pieds, des mains, et des chevilles fragiles. Mon accent, l'accent bien fresnois, en plus traînant. Menteuse, gourmande, câline. Elle n'était jamais contente quand elle n'avait pas eu sa taraudée de chaque jour.

— Sa "taraudée"? Vous voulez dire que vous la battiez?

— Effectivement, c'est ce que je veux dire, mais il ne faut pas interrompre. "Silence à la petite classe, ou je double les problèmes pour demain!" Ainsi s'exprimait Mademoiselle quand sa chère Aimée ne réussissait pas à maintenir les élèves dans le devoir.

— Qui était-ce, cette Aimée?

— La Luce de Mademoiselle, de la Directrice.

— Bon, continuez.

— Je continue. Un matin que c'était notre tour de casser du bois pour le feu, dans le hangar...

— Vous dites ?

— Je dis : Un matin que c'était notre tour de...

— Alors, vous cassiez du bois, dans cette pension ? casser du bois pour le...

— C'est pas une pension, c'est une école. On cassait du bois chacune à son tour, à sept heures et demie, le matin, en hiver, par des froids ! Vous ne vous figurez pas comme les échardes font mal, quand il gèle ! J'avais toujours les poches pleines de châtaignes chaudes pour manger en classe et pour me chauffer les mains. Et on se dépêchait d'arriver tôt, celles qui cassaient le petit bois, pour sucer les chandelles de glace de la pompe, près du hangar. Et j'apportais aussi des châtaignes crues, pas fendues, pour fâcher Mademoiselle en les mettant dans le poêle.

— Ma tête ! Où a-t-on vu une école comme celle-là ! Mais Luce, Luce ?

— Luce geignait plus que tout le monde, les jours où elle était " de bois " et venait se faire consoler près de moi. " Claudine, j'ai la fret[1], mes mains pluchent, aga[2] mon pouce tout grafigné ! Bine-moi, Claudine, ma Claudine. " Et elle se mussait sous mon capuchon, et m'embrassait.

— Comment ? comment ? interroge nerveusement Marcel qui m'écoute, la bouche demi-ouverte, les joues

---

[1]. J'ai froid.
[2]. Regarde.

trop roses. Comment est-ce qu'elle vous bi... vous embrassait?

— Sur les joues, tiens, sur le cou, dis-je, comme soudainement devenue idiote.

— Allez vous promener, vous n'êtes qu'une femme comme les autres!

— Luce n'était pas du tout de cet avis-là (je lui mets les mains sur les épaules pour le faire tenir tranquille); ne vous fâchez pas, ça va venir, les horreurs!

— Claudine, une minute : ça ne vous gênait pas, qu'elle parlât patois?

— Patois? Vous vous en seriez contenté, jeune Parisien, du patois, parlé avec cette voix pleurante et chantante, de cette bouche-là, sous le capuchon rouge qui cache le front et les oreilles, ne laissant voir qu'un museau rose et des joues en velours de pêche, que le froid ne décolorait même pas! Je vous en ficherai du patois!

— Quel feu, Claudine! Vous ne l'avez pas encore oubliée, il s'en faut.

— Donc, un matin, Luce me remit une lettre.

— Ah! Enfin! Où est-elle, cette lettre?

— Je l'ai déchirée et rendue à Luce.

— Ça n'est pas vrai!

— Dites donc, vous! Je vais vous envoyer voir avenue de Wagram si votre pâte à gâteau est cuite!

— Pardon! Je voulais dire : ce n'est pas vraisemblable.

— Petite amie de mon cœur! Oui, je la lui ai rendue, parce qu'elle m'y proposait des choses... pas convenables, là.

— Claudine, au nom du Ciel, ne me faites pas languir.

— Elle m'écrivait : "Ma chérie, si tu voulais bien être ma grande amie, il me semble que je n'aurais plus rien à désirer Nous serions aussi heureuses que ma sœur Aimée avec Mademoiselle, et je t'en serais reconnaissante toute ma vie. Je t'aime tant, je te trouve si jolie, ta peau est plus douce que la poudre jaune qui est dans les lis, et j'aime même quand tu me griffes parce que tu as des petits ongles froids." Des choses comme ça, quoi.

— Ah!... cette humilité ingénue... Savez-vous que c'est adorable?

Mon "neveu" est dans un bel état. Pour une nature impressionnable, c'est une nature impressionnable! Il ne me regarde plus, il bat des cils, il a des pommettes tachées de carmin et son joli nez vient de pâlir. Cette émotion-là, je ne l'ai vue que chez Luce, mais qu'il est plus beau! Brusquement, je pense : "S'il levait les yeux, s'il mettait ses bras autour de moi, à cette minute précise, qu'est-ce que je ferais?" Une petite chenille me passe dans le dos. Il relève les cils, il tend la tête davantage, et implore passionnément : "Après, Claudine, après?" Ce n'est pas moi qui l'émeus, pardi, c'est mon histoire, et les détails qu'il espère! Claudine, ma chère, ce n'est pas encore cette fois-ci qu'on t'outrage.

La porte s'ouvre. C'est Mélie, discrète, et qui fonde, je crois, de grandes espérances sur Marcel; elle voit en lui ce " galant " qui me manquait. Elle apporte ma petite lampe, ferme les persiennes, tire les rideaux, et nous laisse dans une pénombre tiède. Mais Marcel s'est levé :

— La lampe, Claudine! Quelle heure est-il donc?

— Cinq heures et demie.

— Oh! ce que grand-mère va me raser! Il faut que je parte, j'ai promis de revenir à cinq heures.

— Mais je croyais que tante Cœur faisait vos trente-six caprices?

— Oui et non. Elle est très gentille, mais elle me soigne trop. Si je rentre en retard d'une demi-heure, je la trouve en larmes, c'est pas drôle! Et, à chaque sortie, je subis des " Prends bien garde! je ne vis pas quand tu es dehors! Surtout ne passe pas par la rue Cardinet, elle est mal fréquentée. Ni par l'Étoile, toutes ces voitures, à la nuit tombante!... " Ah! la, la, la, la! vous ne savez pas ce que c'est, vous, que d'être élevé dans du coton! Claudine, chuchote-t-il tout bas, de tout près, vous me gardez le reste de l'histoire, n'est-ce pas? J'ai confiance en vous, je peux?

— Autant que j'ai confiance en vous, dis-je sans rire.

— Méchante fille! Votre menotte à embrasser. Ne

faites plus de peine à votre "neveu" qui vous aime bien. Adieu, Claudine, à bientôt, Claudine!

De la porte il m'envoie un baiser du bout des doigts, pour jouer, et fuit sur ses pieds silencieux. Voilà un bon après-midi! J'en ai la cervelle toute chaude. Hop! Fanchette! Un peu de gymnastique! Venez faire danser vos futurs enfants!

Ma gaieté n'a pas duré. J'ai eu une brusque rechute de nostalgie fresnoise et scolaire. Et pourquoi? A cause de Bérillon; à cause de ce crétin de Bérillon; de cet idiot de Bérillon. J'ai épousseté, dans mon petit bureau, mes livres, pieusement rapportés de l'École, et j'ai ouvert machinalement *La Bonne Ménagère agricole, simples notions d'économie rurale et domestique à l'usage des écoles de jeunes filles*, par Louis-Eugène Bérillon. Cet ineffable petit bouquin était, pour toutes les grandes de l'École, une source de joies pures (y en avait déjà pas tant, des joies pures) et nous en redisions des passages à voix haute, la grande Anaïs et moi, sans nous lasser. Les jours de pluie, sous le préau neuf de la cour carrée, alors qu'on ne pouvait jouer ni au pot ni à la grue, nous nous poussions des colles sur *La Bonne Ménagère*.

— Anaïs, parlez-moi de *La Bonne Ménagère agricole* et de son ingéniosité en matière de vidanges.

Le petit doigt en l'air, sa bouche plate serrée en

une moue d'extraordinaire distinction, Anaïs récitait avec un sérieux qui me faisait mourir de rire :

— "La bonne ménagère a amené son mari à lui construire, ou elle a construit elle-même, au nord du jardin, dans un coin retiré, au moyen de quelques perches, de quelques planches et de quelques poignées de glui ou de genêt, une sorte de cabane qui sert de lieu d'aisances." (C'est comme j'ai l'honneur de vous le dire...) "Cette cabane, littéralement cachée sous le feuillage et les fleurs de plantes grimpantes et d'arbustes sarmenteux, ressemble moins à des latrines qu'à un joli berceau de verdure."

— Charmant! Quelle poésie de conception et de style, et que ne puis-je égarer mes pas rêveurs vers cette tonnelle fleurie, embaumée, et m'y asseoir une minute!... Mais, passons au côté pratique. Anaïs, continuez, je vous prie.

— "Comme les déjections de cinq ou six personnes, pendant un an, sont bien suffisantes pour fumer un hectare de terrain, et que rien en matière...

— Chut, chut n'appuyez pas!

— ... "en matière d'engrais, ne doit être perdu, la fosse d'aisances est, ou un trou creusé en terre et recouvert de glaise battue, ou une sorte de vase profond en terre cuite, ou tout simplement un vieux tonneau hors de service."

— Adieu, tonneaux, vidanges sont faites! Ma chère enfant, c'est parfait. Je ne vous apprendrai rien en vous disant qu'il sied de mélanger *intimement* l'engrais humain avec deux fois son volume de terre, et que cinq kilos suffisent pour fumer un are, et pour en empoisonner deux cents. En récompense de votre assiduité, je vous autorise à embrasser cinq fois le docteur Dutertre, délégué cantonal.

— Tu blagues! murmurait Anaïs rêveuse, mais s'il ne fallait que ton autorisation...

O Bérillon, que tu as amusé ces sales petites filles, dont j'étais! Ta préface, nous la mimions en la déclamant. Marie Belhomme, à l'âme ingénue, tendait au ciel ses mains de sage-femme et apostrophait, vibrante de conviction attendrie, la jeune fille des champs.

— "Malheureuse enfant! que votre erreur est grande! Ah! dans votre intérêt et pour votre bonheur, repoussez comme détestable la pensée de vous éloigner ainsi de vos parents et de la maisonnette où vous êtes née! Si vous saviez à quel prix celles dont vous enviez le luxe ont acheté la soie et les bijoux dont elles se parent!... "

— Dix francs la nuit, interrompait Anaïs. Je crois que c'est le prix à Paris!

C'est ce saumâtre Bérillon, et sa couverture élimée aux gardes ornées de décalcomanies, qui m'ont remis trop vivement en mémoire l'École et mes petites compagnes. Tiens, je vais écrire à Luce. Il y a bien longtemps que je n'ai eu de ses nouvelles; est-ce qu'elle aurait quitté Montigny?

Rien de drôle ces jours-ci. Je sors à pied, je me remue pour des robes et des chapeaux. Un monsieur m'a suivie. J'ai eu la malencontreuse idée de lui tirer une langue pointue. "Oh! donnez-la-moi!" qu'il a fait. Ça m'apprendra. Aller servir le thé chez tante Cœur? "Bouac!" comme disait la grande Anaïs qui simulait si admirablement les nausées. Heureusement, Marcel sera là... C'est égal, j'aimerais bien mieux arcander[1] ici, même à quelque chose d'embêtant.

1. Travailler.

Je retourne chez tante Cœur dans ma petite robe simple en drap bleu, je n'en ai pas encore d'autres convenables. Et puis, si je " forcis " comme c'est probable, celles que je me commanderais trop tôt éclateraient. (Voyez-vous cette avalanche de chairs qui sauteraient dehors?) En attendant, je ne pèse encore que cinquante kilos à la balance automatique de la place Saint-Germain-des-Prés.

J'arrive à quatre heures et demie. Personne encore au salon; Marcel y voltige sans bruit, un peu pâlot, et le dessous des yeux mauve. Je crois que ce petit air fatigué le rend encore plus gentil. Il dispose des fleurs dans des vases et chantonne tout bas.

— Mon " neveu ", si vous mettiez un petit tablier en broderie anglaise?

— Et vous, voulez-vous mon pantalon?

— J'en ai déjà un, merci. Oh! maladroit, regardez donc ce que vous faites! Vous posez le petit socle à boucheton?

— A bouche-quoi? dit-il en éclatant de rire.

— Sens dessus dessous. Vous ne comprenez donc rien? Où vous a-t-on élevé?

— Ici, hélas!... Claudine, pourquoi ne portez-vous pas de costumes tailleur? Ça vous irait à ravir.

— Parce qu'il n'y a pas de tailleur à Montigny.

— Mais il y en a à Paris. Voulez-vous que je vous y conduise? Pas chez les grands, n'ayez pas peur. Nous irons. J'adore chiffonner et tripoter des étoffes.

— Oui, je veux bien... Qui est-ce qui va venir ici aujourd'hui? Ils vont m'arrœiller[1], tous ces gens. Si je m'en allais?

— Pas la peine, il n'y aura pas des foules pour vous arr... pour vous dévisager! Madame Barmann, sûr, la vieille tortue. Peut-être... Charlie, dit-il en détournant les yeux, mais ce n'est pas sûr; madame Van Langendonck...

— Une Belge?

— Non, elle est Cypriote.

— C'est bien la peine d'être Grecque pour s'affubler d'un nom pareil. Si j'étais Flamande, je n'aurais pas l'idée de m'appeler Nausicaa!

— Que voulez-vous? Je n'y peux rien!... Il y aura aussi quelques jeunes gens du salon Barmann, une vieille dame que maman aime bien et qu'on appelle toujours madame Amélie, on ne sait plus son nom de famille, en somme presque rien...

---

1. Regarder de tous ses yeux.

— Bon sang, je m'en contente!
— Claudine... et Luce?
— Houche donc! voilà tante.

En effet, sa grand-mère entre, toute en soie murmurante.

— Ah! ma jolie nièce! Avez-vous dit qu'on vînt vous chercher, ou voulez-vous que Marcel vous reconduise?

— Mais, tante, je n'ai besoin de personne. Je suis venue toute seule.

Elle en devient pourpre sous sa poudre.

— Seule! A pied? en voiture?
— Non, tante, dans Panthéon-Courcelles.
— Mon Dieu, mon Dieu, que Claude est coupable...

Elle n'ose pas en dire plus long. Marcel me regarde de coin en mangeant sa langue, le misérable, et, si je ris, tout est perdu. Il tourne les boutons électriques et tante Cœur sort de sa consternation avec un grand soupir.

— Mes enfants, j'aurai peu d'amis cette semaine...

Trrrrrr... en voilà toujours un. Non, c'est une. Précipitamment, je me suis garée derrière la table à thé, et Marcel rit de toute son âme. Une boule bossue auréolée de coton iodé en frisettes, a roulé jusqu'à ma tante Cœur.

Embobelinée d'une zibeline attardée sous quoi elle transpire, madame Barmann est coiffée d'une chouette éployée. Chouette dessus, chouette dessous. Le nez crochu, pour être jaspé de couperose, ne manque pas d'autorité, et les yeux gris en billes remuent terriblement.

— Je suis fourbue. J'ai fait onze kilomètres à pied, dit sa voix dure. Mais j'ai trouvé des merveilles de meubles chez deux vieilles filles qui habitent Montrouge. Un vrai voyage!... Huysmans aurait chéri ce pâté si curieusement pittoresque de maisons bancales... Je fouille un peu partout pour embellir, meubler le nouvel hôtel de notre illustre ami Gréveuille... il a en moi une confiance enfantine... Et, dans trois semaines, on joue chez moi une parade du répertoire de la Foire... Je ne vous demande pas, chère Madame, d'y amener cet enfant...

Elle regarde Marcel, et me regarde ensuite, sans ajouter un mot.

— Ma nièce Claudine, s'empresse de présenter tante Cœur. Depuis peu de temps à Paris, ajoute-t-elle en me faisant signe d'approcher, parce que, vraiment, je ne me déplace pas vite.

De tout près, la meubleuse de " l'illustre ami " me dévisage avec une telle insolence que je me demande si je ne vais pas tout d'un coup lui mettre mon poing sur sa couperose. Mais elle reporte enfin les yeux sur tante Cœur.

— Charmante, dit-elle d'un ton rude. Me l'amènerez-vous un mercredi? Le mercredi, c'est, en somme, candide.

Tante Cœur remercie pour moi. Je n'ai pas desserré les dents, et je tremble si fort en versant du thé pour l'impudente vieille chouette, que Marcel exulte. Ses yeux étincellent de moquerie. Il me chuchote :

— Claudine, qu'est-ce qu'on va faire de vous, si vous vous jetez comme ça à la tête des gens? Voyons, voyons, contenez un peu cette expansivité désordonnée!

— Zut! lui dis-je tout bas, avec rage. Je ne peux pas souffrir qu'on m'arrœille comme ça!

Et je vais offrir ma tasse de thé, suivie de Marcel, autrement câlin et fille que moi, qui porte les sandwiches.

Trrrrrr... encore une dame. Mais charmante, celle-là, avec des yeux jusqu'aux tempes et des cheveux jusqu'aux yeux.

— Madame Van Langendonck, m'informe Marcel tout bas, celle qui est Cypriote...

— Comme son nom l'indique, parfaitement.

— Est-ce qu'elle vous dit quelque chose, celle-là, Claudine?

— Tiens, je crois bien. Elle a l'air d'une antilope qui fait la fête.

La jolie créature! Des cheveux qui volent, un vaste chapeau emplumé qui tangue, des yeux myopes et pâmés, un geste fréquent, enveloppant et mou, de la petite main droite, brillante de bagues. Elle incarne l'approbation. A tante Cœur, à madame Barmann,

elle dit : "oui", elle dit "vous avez raison", elle
dit : "comme c'est vrai". C'est une nature plutôt
conciliante. Son ouiouisme ne va pas sans quelque
incohérence. Elle vient de nous renseigner coup sur
coup : "Hier, à cinq heures, j'étais en courses au
Bon Marché" et : "Hier, à cinq heures, j'étais à une
Bodinière tellement intéressante." Ça ne paraît gêner
personne, elle encore moins.

Tante Cœur m'appelle :
— Claudine !
J'arrive, de bonne grâce, et je souris à cette
délicieuse figure offerte. Aussitôt, un déluge de
compliments, sans mesure, s'abat sur ma tête
innocente.
— Qu'elle est charmante ! Et c'est un type si ori-
ginal ! Et quelle jolie ligne de corps ! Dix-sept ans ?
Je lui donnais au moins dix-huit...
— Oh ! non, par exemple, proteste la chouette Barmann ; elle paraît beaucoup moins que son âge.
— Oui, n'est-ce pas ? A peine quinze ans.
Et allez donc ! La fausse gravité de Marcel commence à m'incommoder, lorsque *trrrrrrr*... Un monsieur, cette fois. Un grand monsieur mince, un monsieur bien. Il a le teint foncé, beaucoup de cheveux
châtains blanchissants, des yeux jeunes avec des paupières fatiguées et une moustache soignée, d'un blond
qui s'argente. Il entre à peu près comme chez lui,

baise la main de tante Cœur, et constate, sous le cruel lustre, narquoisement :

— Comme ça repose les yeux, cette pénombre douce des appartements d'aujourd'hui!

Amusée de la blague, je regarde Marcel; il ne rit pas du tout et considère le monsieur sans bienveillance.

— Qui c'est?

— C'est mon père, répond-il glacé, en se dirigeant vers le monsieur qui lui secoue la main, gentiment et distraitement, comme on tire l'oreille à son chien de chasse.

Son père? Je la trouve très mauvaise! je dois avoir l'air idiot. Un père avec qui on a eu des histoires, c'est facile à voir. Son fils ne lui ressemble que très vaguement. L'arête têtue des sourcils, peut-être? Mais tous les traits, chez Marcel, sont si affinés, que ce n'est pas encore bien sûr. Quelle drôle de figure, à la fois sèche et soumise, fait mon neveu à l'auteur de ses jours! En tout cas, il ne le crie pas sur les toits, qu'il a un papa; celui-ci me paraît pourtant plus qu'avouable. Mais, manifestement, chez tous les deux, la voix du sang ne "huche" pas à vous détériorer l'oreille moyenne.

— Tu vas bien, mon petit? tu travailles bien?
— Oui, père.
— Je te trouve l'air un peu fatigué.
— Oh! non, père.

— Tu aurais dû venir aux courses avec moi aujour-
d'hui. Ça t'aurait secoué.

— Père, il fallait bien que je servisse le thé.

— [...] servisses le
thé. A [...] aussi graves
devoirs [...]

Com[...] pe cypriote
font p[...], et l'autre
d'une [...] toutes les
pointes [...] de coutume,
risque [...]

— [...] de courses
soit le [...] cet enfant?

— [...] es gens très
sortab[...] te-t-il dou-
cement [...] Barmann.

Ça va bien, ça va bien! Je bouillonne de joie com-
primée. Si ça continue, la porcelaine anglaise que je
manie respectueusement va joncher les tapis. Tante
Cœur, les yeux baissés, rougit imperceptiblement.
Y a pas, y a pas, il n'est guère poli, mais je m'amuse
bien. (Oh! "que j'ai t'y du goût!" dirait Luce.)
Marcel compte les fleurs de la moquette avec la figure
d'une jeune fille qu'on n'a pas invitée à danser.

— Vous avez joué aux courses, sans doute? interroge douloureusement ma tante, avec une figure d'angoisse.

Le monsieur hoche mélancoliquement la tête.

— J'y ai même perdu. Alors, j'ai donné vingt francs au fiacre qui m'a ramené.

— Pourquoi? demande son fils en levant les sourcils.

— Parce que, avec ce que j'avais perdu, ça faisait un compte rond.

"Hppp... " c'est cette gourde de Claudine qui pouffe. Mon cousin... (voyons, si c'est le père de mon neveu, est-ce mon cousin? je ne sais plus)... mon cousin tourne la tête vers ce rire indécent.

— Connaissez-vous ma petite nièce Claudine, Renaud? La fille de mon frère Claude, depuis peu à Paris. Elle et Marcel sont déjà les meilleurs amis du monde.

— Je ne plains pas Marcel, déclare le monsieur à qui j'ai tendu la main. Il ne m'a regardée qu'une seconde, mais c'est quelqu'un qui sait regarder. Un regard en zigzag, arrêt imperceptible aux cheveux, aux yeux, au bas du visage et aux mains. Marcel se dirige vers la table à thé, je m'apprête à le suivre...

— ... La fille de Claude..., cherche mon cousin. Oh! attendez une minute, j'ai si peu le sens des généalogies... Mais alors, Mademoiselle est la tante de Marcel? C'est vaudevillesque cette situation, n'est-ce pas, ma... cousine?

— Oui, mon oncle, dis-je sans hésiter.

— A la bonne heure! Ça va me faire deux bébés à emmener au Cirque, si votre père m'y autorise. Vous avez bien... quoi? quinze, seize ans?

Je rectifie, froissée :

— Plus de dix-sept ans!

— Dix-sept... oui, ces yeux-là... Marcel, ça te change, hein, d'avoir une petite amie?

— Oh! dis-je, en riant, je suis bien trop garçon pour lui!

Mon cousin l'Oncle, qui nous a suivis à la table à thé, me scrute d'un regard vif, mais j'ai l'air d'une si bonne petite fille!

— Trop garçon pour lui? Non, vraiment non, module-t-il avec un air de gouaillerie.

Marcel tripote si maladroitement une petite cuiller de vermeil qu'il vient d'en tordre le manche. Il lève ses gracieuses épaules et s'en va de son joli pas tranquille, refermant derrière lui la porte de la salle à manger. La mère Barmann s'en va, me lance un " Adieu, petite! " très ridicule, et croise une vieille dame à bandeaux blancs, pareille à un tas de vieilles dames, qui s'assied en deux fois et refuse du thé. Veine!

Mon cousin l'Oncle, qui a reconduit la chouette jusqu'à la porte, revient à la table de thé, me demande du thé, exige de la crème, plus que ça, deux sucres, un sandwich, pas celui du dessus parce qu'il a dû sécher, et quoi encore? Mais nos deux gourmandises se comprennent et je ne m'impatiente pas. Il m'est sympathique, ce cousin l'Oncle. Je voudrais bien savoir ce qu'il y a entre lui et Marcel. Il a l'air d'y songer, et, tout en trempant un bon petit sablé, il m'interroge à demi-voix.

— Mon fils vous avait parlé de moi?

Pitié-malheur! Quoi faire? Que dire? Je laisse tomber ma cuiller pour me donner du temps, comme à l'École mon porte-plume, et je réponds enfin :

— Non, du moins je ne m'en souviens pas.

Ça n'est pas autrement fort, mais quoi? Il n'a pas l'air étonné. Il mange. Il mange proprement. Il n'est pas vieux. C'est un père encore jeune. Son nez m'amuse, un peu courbe avec des narines qui remuent. Sous des cils très noirs, ses yeux luisent gris bleu foncé. Il n'a pas de vilaines oreilles pour un homme. Ses cheveux blanchissent aux tempes et floconnent. A Montigny, il y avait un beau chien cendré qui avait le poil de cette couleur-là. Pouf! il lève si brusquement les yeux qu'il me surprend en train de le regarder.

— Vous me trouvez laid?

— Non, mon oncle, pas du tout.

— Pas si beau que Marcel, hein?

— Ah! pour ça, non, par exemple! Il n'y a pas de garçon aussi joli que lui; et même très peu de femmes qui en approchent.

— Très juste! Mon orgueil de père est flatté... Il n'est pas très liant, mon fils, n'est-ce pas?

— Mais si! Il est venu me voir tout seul, avant-hier à la maison, et nous avons beaucoup bavardé. Il est bien mieux élevé que moi.

— Que moi aussi. Mais vous m'étonnez en disant qu'il vous a déjà fait visite. Vous m'étonnez énormément. C'est une conquête. Je voudrais bien que vous me présent... assiez à votre père, ma cousine. La famille! Moi j'ai le culte de la famille, d'abord. Je suis un pilier des vieilles traditions.

— Et des champs de courses...

— Oh! mais c'est que c'est vrai, que vous êtes très mal élevée! Quand puis-je trouver votre père?

— Le matin, il ne sort guère. L'après-midi, il va voir des gens décorés et remuer de la poussière dans des bibliothèques. Mais pas tous les jours. D'ailleurs, si vous voulez vraiment venir, je lui dirai de rester. Il m'obéit encore assez bien pour les petites choses.

— Ah! les petites choses! Il n'y a que celles-là : elles tiennent toute la place et il n'en reste plus pour les grandes. Voyons... qu'est-ce que vous avez vu à Paris, déjà?

— Le Luxembourg et les grands magasins.

— C'est très suffisant, en somme. Si je vous menais au concert, dimanche, avec Marcel? Je crois que les concerts sont assez " select ", cette année, pour que mon fils consente à s'y risquer quelquefois.

— Les grands concerts? Oh! oui, je vous remercie; j'avais bien envie d'y aller, quoique je n'y connaisse pas grand-chose. J'ai si rarement entendu de bons orchestres...

— Bon, c'est convenu. Quoi encore? Vous m'avez

l'air d'une petite personne pas difficile à amuser. J'aurais voulu une fille, hélas, je l'aurais si bien élevée à ma façon! Qu'est-ce que vous aimez?

Je m'illumine.

— Tant de choses! Les bananes pourries, les bonbons en chocolat, les bourgeons de tilleul, l'intérieur des queues d'artichaut, le coucou[1] des arbres fruitiers, les livres nouveaux et les couteaux à beaucoup de lames, et...

Essoufflée, j'éclate de rire, parce que mon cousin l'Oncle a tiré gravement un carnet de sa poche et note :

— Une seconde de répit, je vous supplie, chère enfant! Les bonbons en chocolat, les bananes pourries — horreur! — et l'intérieur d'artichaut c'est un jeu d'enfant, mais, pour les bourgeons de tilleul, et le coucou qui perche sur les arbres fruitiers, exclusivement, je ne connais pas de maisons de dépôt à Paris. Est-ce qu'on peut s'adresser en fabrique?

A la bonne heure! Voilà un monsieur qui sait bien amuser les enfants! Pourquoi son fils n'a-t-il pas l'air de corder avec lui? Justement Marcel revient, exhibant une jolie frimousse trop indifférente. Mon cousin l'Oncle se lève, la vieille dame blanche se lève, la jolie Cypriote Van Langendonck se lève : retraite générale. Ces dames parties, ma tante s'enquiert :

---

1. Sorte de gomme.

— Ma mignonne, qui donc va vous reconduire chez votre père? Voulez-vous que ma femme de chambre?...

— Ou bien moi, grand-mère, propose Marcel gentiment.

— Toi... Oui, mais prends une voiture à l'heure, mon chéri.

— Comment, vous le laissez sortir en voiture, à cette heure-ci? fait mon cousin l'Oncle, si narquois que tante Cœur s'en aperçoit.

— Mon ami, j'ai charge d'âme. Qui donc s'occupe de cet enfant?

Je n'entends pas la suite, je vais mettre mon chapeau et ma veste. Quand je reviens, mon cousin l'Oncle a disparu, et tante Cœur reprend peu à peu son sourire de vieille dame qui a couché aux Tuileries.

Les adieux, les à bientôt, et la rue froide, après la tiédeur enfermée du salon.

Un fiacre à pneus nous reçoit à la station de la rue Jouffroy! Je ne suis pas encore blasée sur la joie des pneumatiques, et je l'avoue. Marcel sourit sans rien dire.

Tout de suite, j'attaque :

— Il est gentil, votre père.

— Gentil.

— Contenez votre tendresse délirante, ô le plus passionné des fils!

— Qu'est-ce que vous voulez? Je ne vais pas découvrir papa aujourd'hui, n'est-ce pas? Il y a dix-sept ans que je le connais.

Je me renferme dans une discrétion blessée.

— Ne boudez pas, Claudine, c'est trop compliqué à expliquer, tout ça.

— Vous avez bien raison, mon ami, ça ne me regarde en aucune façon. Si vous ne le montez pas en épingle, votre père, vous devez avoir vos raisons.

— Assurément, j'en ai. Il a rendu maman très malheureuse.

— Longtemps?

— Oui... dix-huit mois.

— Il la battait?

— Non, voyons! Mais il n'était jamais à la maison.

— Et vous, il vous a rendu très malheureux?

— Oh! ce n'est pas ça. Mais, explique mon " neveu " avec une rage contenue, il sait être si blessant! Nos deux natures ne sympathisent nullement.

Il a lancé ces derniers mots avec un ton désabusé et littéraire qui me fait tordre à l'intérieur.

— Claudine!... L'autre jour nous en étions restés à la lettre de Luce. Continuez, je le veux! C'est autrement intéressant qu'un tas de pot-bouille et de linge sale en famille!

Ah! je retrouve mon Marcel, mon joli Marcel.

Aux becs de gaz qui passent, sa figure mince brille et disparaît, et rebrille et s'efface, et toutes les trois secondes je distingue la fossette de son menton têtu et fin. Vibrante, énervée par mon après-midi, par l'obscurité, par les nouvelles figures et le thé trop noir, je musse commodément mes mains froides dans celles de mon " neveu " fiévreusement chaudes. Jusqu'ici je lui ai dit vrai, aujourd'hui, il s'agit de faire des forgeries, quelque chose de bien. Mentons ! " Mentissons bramant ", comme dit Mélie.

— Alors, j'ai rendu à Luce sa lettre " mincée ".
— Déchirée ?
— Oui, mincée à morceaux.
— Qu'est-ce qu'elle a dit ?
— Elle a pleuré sans honte, tout haut.
— Et... ç'a été votre dernier mot ?

Silence équivoque, et comme un peu honteux, de Claudine... Marcel tend sa jolie tête avidement.

— Non... Elle a fait tout pour me fléchir. Quand j'étais *d'eau* — vous comprenez, on montait de l'eau chacune à son tour — elle m'attendait dans le dortoir et laissait descendre les autres pour me parler. Elle menaçait de pleurer tout haut pour m'ennuyer, et m' " aralait " jusqu'à ce que je finisse par la prendre sur mes genoux, moi assise sur son lit. Elle croisait ses petites mains derrière mon cou, cachait sa tête sur mon épaule et me montrait, en face, au fond de la cour, le dortoir des garçons où on les voyait se déshabiller le soir.

— On les voyait se... ?
— Oui, et ils faisaient des signes. Luce riait tout

bas dans mon cou, et battait ma jambe de ses talons.
Je lui disais : " Lève-toi. " Aga ", Mademoiselle qui
vient ! " Mais elle se jetait brusquement contre moi,
et m'embrassait follement...

— ... Follement..., répète Marcel en écho, et
ses mains se refroidissent lentement dans les
miennes.

— Alors je me levais d'un coup, et je la jetais
presque par terre. Elle criait tout bas : " Méchante !
méchante ! sans cœur ! "

— Et puis ?

— Et puis je lui flanquais une de ces taraudées si
solides qu'elle en avait les bras bleus et la peau de
la tête chaude. Je tape bien, quand je m'y mets. Elle
adorait ça. Elle cachait sa figure et se laissait battre,
en faisant de grands soupirs... (Les ponts, Marcel,
nous arrivons.) De grands soupirs, comme vous à
présent.

— Claudine, dit sa voix douce, un peu étranglée,
vous ne me direz rien de plus ? Je... j'aime tant ces
histoires...

— Je m'en aperçois... Seulement, vous savez les
conditions ?

— Chut ! je sais les conditions. Donnant, donnant...
Mais, fait-il en avançant tout près ses yeux agrandis,
sa bouche rose et sèche, les amitiés chastes, passion-
nées et toutes de cœur, sont plus difficiles à raconter,
je crains d'être bref autant que maladroit...

— Prenez garde! Vous avez envie de mentir. Je me muselle.

— Non, non, je vous obligerais à parler maintenant!... Nous sommes arrivés. Je descends, je vais sonner.

La porte ouverte, il reprend mes mains dans ses doigts moites, les serre trop et les baise l'une et l'autre.

— Mes compliments à mon oncle, Claudine. Et mes hommages à Fanchette. O Claudine inattendue! Aurais-je pensé que de Montigny me viendrait tout ce plaisir-là?

Il a bien dit ça.

A table, mon énervement tombe un peu, pendant que je raconte à papa, qui n'écoute pas, mon après-midi, et mon cousin l'Oncle. Fanchette, la chérie, aune avec son nez le bas de ma jupe pour savoir d'où je viens. Elle a un joli ventre rond qu'elle porte allégrement, et qui ne l'empêche pas de sauter après les papillons de la lampe. J'ai beau lui dire "Fanchette, on ne lève pas les bras quand on est enceinte", elle ne m'écoute pas.

Au chester, papa, que l'Esprit, sans doute, a visité, pousse un grand cri.

— Quoi, papa? Une nouvelle limace?

— J'ai trouvé, je sais qui c'est! Tout ça m'était sorti de la mémoire; quand on s'occupe toute sa vie de choses sérieuses, ces fantaisies-là s'oublient. La pauvre Ida, Marcel, Renaud, voilà! Trente-six cochons!

La fille de Wilhelmine a épousé très jeune ce Renaud qui n'était pas vieux. Elle l'a embêté, je crois. Tu penses, une fille de Wilhelmine!... Alors, elle a eu un fils, Marcel. Ils n'étaient pas souvent du même avis, après l'enfant. Une petite femme puritaine et susceptible. Elle a dit : " Je retourne chez ma mère. " Il a dit : " Je vais vous faire avancer un fiacre. " Peu après, elle est morte de quelque chose de rapide. Voilà.

Le soir, avant de me coucher, pendant que Mélie ferme les volets :

— Mélie, j'ai un oncle, à présent. Non, je veux dire, j'ai un cousin et un neveu, tu comprends!

— T'as aussi le vertigo, à c't'heure. Et la chatte donc! Depuis qu'elle est pleine, elle est toujours dans les tiroirs et dans les commodes, à tout cheuiller[1].

— Faut lui mettre une corbeille. C'est pour bientôt?

— Pas avant quinze jours.

— Mais je n'ai pas apporté sa corbeille à foin.

— C'est malin! Laisse, j'y achèterai une corbeille à chien, avec un coussin.

— Elle n'en voudra pas. C'est trop parisien pour elle.

— Avec ça! Et le matou d'en dessous, est-ce qu'il était trop parisien pour elle?

1. Gâcher.

Tante Wilhelmine est venue me voir, je n'étais pas là. Elle a causé avec papa, me raconte Mélie, et elle était " hors d'état " de me savoir sortie seule (sans doute, elle n'ignore pas que les élèves des Beaux-Arts tiennent beaucoup de place dans le quartier).

J'étais dehors, pour voir des feuilles.

Hélas! les feuilles vertes! elles sortent de bonne heure ici.

Là-bas, c'est tout au plus si les bouchures d'épines se voilent, à longue distance, de ce brouillard vert, et comme suspendu sur leurs branches, que leur tissent les toutes petites feuilles tendres. Au Luxembourg, j'ai voulu manger des pousses d'arbre, comme à Montigny, mais ici, elles croquent sous la dent, poudrées de charbon. Et jamais, jamais je ne respire plus l'odeur humide des feuilles pourries et des étangs jonceux, ni l'âcreté légère du vent qui a passé sur les bois où cuit le fraisil. *Là-bas*, les premières violettes ont poussé, je les vois! La bordure, près du mur du jardin, celui qui regarde l'ouest, est fleurie de petites violettes rabougries, laides et chétives, mais d'une odeur souveraine. Que je suis triste! La tiédeur excessive de ce printemps de Paris, et sa mollesse, font que je ne suis plus qu'une pauvre bête des bois condamnée à la ménagerie. Ils vendent ici, par voiturées, des primevères, et des pâquerettes jaunes, et des jeannettes. Mais les balles de pâquerettes, que je confectionne par habitude, n'amusent que Fanchette qui, demeurée leste malgré son petit bedon tendu, les manie adroitement d'une patte en forme de cuiller. Je suis dans un bien mauvais état d'esprit... Heureusement, mon corps va bien; je le constate fréquemment, avec complaisance, accroupie dans l'eau chaude de mon cuveau. Tout ça est élastique et souple, long, pas bien gras, mais assez musclé pour ne point sembler trop maigre.

Entretenons la souplesse, quoique je n'aie plus d'arbres pour y grimper. Il s'agit, en équilibre dans mon cuveau sur le pied droit, de me renverser en arrière le plus possible, la jambe gauche levée très haut, le bras droit en balancier, la main gauche sous la nuque. Ça n'a l'air de rien, essayez seulement. Pouf! Je me suis répandue. Et, comme j'avais négligé de me sécher, mon derrière fait un rond mouillé par terre. (Fanchette, assise sur le lit, me dévisage avec une froideur méprisante, pour ma maladresse, et pour cette manie inconcevable que j'ai de m'asseoir dans l'eau.) Mais je triomphe dans d'autres exercices : les deux pieds posés alternativement sur la nuque, ou le renversement en arc, la tête au niveau des mollets. Mélie m'admire, mais me met en garde contre l'excès de ces gymnastiques :

— Tu vas te "bréger[1]" le portrait!

Je retombe, après tous ces divertissements intimes, dans l'apathie ou l'énervement; les mains trop chaudes ou trop froides, les yeux brillants et las, des griffes partout. Je ne dis pas que ma figure de chatte agacée soit laide, il s'en faut même, avec sa calotte de cheveux bouclés. Ce qui me manque, ce qui me manque... je ne le saurai que trop tôt. Et d'ailleurs cela m'humilierait...

Le résultat de tout ceci jusqu'à présent, ç'a été une passion imprévue de Claudine pour Francis Jammes, parce que ce poète saugrenu comprend la campagne, les bêtes, les jardins démodés et la gravité des petites choses stupides de la vie.

1. Abîmer.

Mon cousin l'Oncle est venu ce matin voir papa qui, d'abord furibond parce qu'on le dérange, s'humanise tout de suite, parce que ce Renaud a le don de plaire et de désarmer. Au grand jour, il a davantage de cheveux blancs, mais la figure plus jeune que je n'avais vu d'abord, et une nuance d'yeux ardoise assez personnelle. Il a embarqué papa dans la Malacologie, et mon noble père ne tarit pas. Épouvantée d'un tel flot de paroles, j'endigue.

— Papa, je veux faire voir Fanchette à mon oncle.

Et j'emmène mon oncle dans ma chambre, ravie de voir qu'il apprécie le lit bateau, et la vieille perse, et mon cher vilain petit bureau. Adroitement, il tripote et gratouille le ventre sensible de Fanchette, et lui parle chat d'une ingénieuse façon. Sûr, quoi qu'en dise Marcel, c'est quelqu'un de bien!

— Ma chère petite, une chatte blanche et un fauteuil crapaud sont les animaux indispensables d'une chambre de jeune fille. Il n'y manque que le bon roman... non, le voici. Sapristi, c'est *André Tourette*... Quelle drôle d'idée!

— Oh! vous en verrez d'autres! Il faudra vous y habituer, je lis tout.

— Tout. C'est peu! Ne cherchez pas à m'étonner, je trouve cela ridicule.

— Ridicule!... dis-je suffoquée de colère, je me trouve assez grande pour lire à ma guise!

— Tra, la la! Assurément votre père, qui est charmant d'ailleurs, est un père pas ordinaire, mais... voilà, voilà, il y a des ignorances que vous pourriez regretter. Mon petit, ajoute-t-il en me voyant près de pleurer, je ne veux pas vous faire de peine. Qu'est-ce qui me prend de moraliser comme ça? Je suis plus oncle que nature. Ça ne vous empêche pas, vous, d'être la plus jolie et la plus mignonne des nièces, bibliomanie à part. Et vous allez me donner votre menotte en signe de paix.

Je la donne. Mais j'ai eu de la peine tout d'un coup. J'étais si résolue à trouver cet homme-là absolument gentil!

Il m'a baisé la main. C'est le deuxième homme qui me baise la main. Et je constate des différences : de Marcel, le baiser est un effleurement rapide, si léger, si hâtif, que je ne sais pas si ce sont des lèvres, ou un doigt pressé, qui ont touché ma peau. Quand c'est son père, j'ai le temps de sentir la forme de sa bouche.

Il est parti. Il reviendra dimanche me chercher pour le concert. Il est parti...

Je vous demande un peu! Un oncle qui avait l'air si peu vieux-jeu! Est-ce que je l'asticote sur ses habitudes de perdre son argent aux courses, moi? Il pourrait, à la vérité, me répondre qu'il a cessé d'avoir dix-sept ans et qu'il ne se nomme pas Claudine.

Avec tout ça, je reste toujours sans nouvelles de Luce.

Claudine joue à la dame. Claudine se commande robes sur robes et tourmente la vieille et surannée Poullanx, couturière, ainsi que madame Abraham Lévi, modiste. Mon oncle m'a affirmé qu'à Paris toutes les modistes étaient juives. Celle-ci, quoique de la rive gauche, montre une vivacité de goût assez précieuse; et puis, ça l'amuse de coiffer ma figure pointue à cheveux bouffants. Avant l'essayage, elle me brosse les cheveux en avant, rudement, fait gonfler les côtés, s'éloigne de deux pas et dit avec ravissement : " Vous voilà tout à fait comme Polaire! " Moi, j'aime mieux être comme Claudine. Puisque ici les femmes se campent de la verdure sur la tête dès février, je me suis choisi deux chapeaux d'été : un grand noir, capeline en crin et plumes — " ça fait bébé cossu ", constate madame Lévi avec une lippe aimable dans sa moustache brune — et un autre, roux avec du velours noir. Faut que ça aille avec tout. Je n'ai pas, moi, les goûts de la grande Anaïs qui n'était jamais contente quand sa tête ne chavirait pas sous trois kilogrammes de roses.

Et j'élabore encore une autre robe bleue. Je chéris le bleu, non pas pour lui-même, mais pour l'importance qu'il donne au tabac d'Espagne de mes yeux.

Pas de Marcel. Je sens vaguement qu'il me boude. "Boude" est un trop gros mot, mais je flaire un ressentiment sourd. Je me console, puisqu'il pleut, avec les vieux et jeunes bouquins, des Balzac ressassés qui cachent entre leurs feuillets des miettes de goûters anciens... Voilà une mie de gâteau qui vient de Montigny, sens, Fanchette. Bête sans cœur, ça ne lui dit rien, elle écoute les bruits de casseroles de la cuisine!... Papa, la cravate en corde, me caresse la tête en passant. Est-il heureux, cet homme-là, d'avoir trouvé chez les limaces la plénitude de la vie et la divagation féconde et renaissante!... Qui me servira de limace, à moi?

Une lettre de Claire. Eh ben vrai!

" Ma chérie, c'est un grand bonheur que je t'écris. Je me marie dans un mois avec le cher bien-aimé dont je t'ai envoyé la photographie. Il est plus riche que moi; il n'a pas de peine, mais ça ne fait rien. Je suis si heureuse! Il aura la surveillance d'une usine au Mexique (!!!) et je partirai avec lui. Tu vois bien que la vie, c'est comme dans les romans. Tu riais de moi, autrefois, quand je te le disais. Je veux que tu viennes à mon mariage, etc., etc."

Suivent des recommencements, et des bavardages de petite fille qui délire de bonheur. Elle la mérite, toute sa joie, cette enfant confiante et douce, et si

honnête! Cette confiance et cette douceur l'ont, par
un hasard merveilleux, mieux protégée que la ruse
la plus avertie; ce n'est pas tout à fait sa faute, mais
c'est bien ainsi. Je lui ai répondu tout de suite, n'importe quoi de gentil et de tendre; et je reste là, près
d'un petit feu de bois — toujours frileuse dès qu'il
pleut — à attendre la nuit et le dîner, dans une tristesse
et un abattement honteux.

Elle se marie, elle a dix-sept ans. Et moi?... Oh!
qu'on me rende Montigny, et l'année dernière, et
celle d'avant, et ma turbulence fureteuse et indiscrète,
qu'on me rende ma tendresse trompée pour la petite
Aimée de Mademoiselle, et ma méchanceté volup-
tueuse pour Luce — car je n'ai personne ici, et même
pas l'envie de mal faire!

Qui pourrait croire qu'elle roule des pensées si
larmoyantes, cette Claudine en saut de lit, accroupie
à l'orientale devant le marbre du foyer, et tout occupée,
apparemment, à rôtir le ventre d'une tablette de chocolat que maintiennent debout les branches d'une pincette? Lorsque la surface exposée au feu mollit, noircit,
crépite et se boursoufle, je la soulève en minces lamelles
avec mon petit couteau... Goût exquis, qui participe
de l'amande grillée et du gratin à la vanille! Douceur
mélancolique de savourer le chocolat à la pincette
tout en se teignant les ongles des pieds en rose avec
un petit chiffon trempé dans l'encre rouge de Papa!

Le soleil revenu me montre le ridicule de mes désolations d'hier soir. D'autant plus que Marcel arrive à cinq heures et demie, vif, beau comme... comme Marcel seul, cravaté d'un pongée turquoise amorti qui avive ses lèvres jusqu'au rose de Chine, un rose artificiel de bouche peinte. Dieu! ce petit sillon entre le nez et la lèvre supérieure, et l'imperceptible duvet qui l'argente! La panne toute soie, à 15 fr. 90, n'est pas aussi suave.

— Mon "neveu", que je suis contente! Vous n'êtes pas choqué que je garde mon petit tablier?

— Il est charmant, votre petit tablier. Gardez-le, vous me faites penser à... — comment, déjà — à Montigny.

— Je n'ai pas besoin de le garder pour songer à Montigny, moi. Si vous saviez ce que ça fait bobo, quelquefois...

— Oh! voyons, pas d'attendrissement nostalgique, Claudine! ça ne vous va pas du tout!

Sa légèreté m'est cruelle en ce moment, et je lui lance sans doute un mauvais regard, car il devient souple et charmant :

— Attendez, attendez. Mal du Pays! Je vais souffler sur vos yeux, et il partira!

Avec sa grâce de femme, faite d'aisance et aussi d'une extraordinaire précision de mouvements, il m'a emprisonné la taille et souffle doucement sur mes yeux à demi fermés. Il prolonge le jeu et déclare à la fin :

— Vous sentez... la cannelle, Claudine.

— Pourquoi la cannelle? dis-je mollement, appuyée à son bras et engourdie de son souffle léger.

— Je ne sais pas. Une odeur chaude, une odeur de sucrerie exotique.

— C'est ça! Le bazar oriental, alors?

— Non. Un peu la tarte viennoise; une odeur bonne à manger. Et moi, qu'est-ce que je sens? demande-t-il en mettant sa joue veloutée tout près de ma bouche.

— Le foin coupé, dis-je en le flairant. Et comme sa joue ne se retire pas, je l'embrasse doucement, sans appuyer. Mais j'aurais aussi bien embrassé un bouquet, ou une pêche mûre. Il y a des parfums qu'on ne respire bien qu'avec la bouche.

Marcel l'a compris, il me semble. Il ne me rend pas le baiser, et, se retirant avec une moue pour rire :

— Le foin? C'est une odeur bien simplette... Vous venez au concert, demain, hein?

— Sûrement. Votre père est venu voir papa l'autre matin; vous ne le saviez pas?

— Non, fait-il avec indifférence. Je ne vois pas papa tous les jours... il n'a pas le temps. Et puis je m'en vais, je n'ai qu'une minute. Savez-vous, ingrate petite fille, qui je fais attendre en restant ici? Charlie!

Il éclate d'un rire malicieux et se sauve.

Mais j'apprécie, autant qu'il convient, le prix de cette préférence.

— Papa, je vais au concert tout à l'heure. Dépêche-toi un peu. Je sais bien que les œufs sur le plat, refroidis, sont un mets des dieux, mais, tout de même, hâte-toi.

— Créature inférieure! déclame papa, en haussant les épaules, toutes les femmes sont égales à la dernière bourrique. Moi, je plane!

— Prends garde, tu vas renverser la carafe du bout de ton aile... N'est-ce pas que ma robe me va bien?

— Heu... oui... C'est un paletot de l'année dernière?

— Non pas. Tu l'as payée il y a deux jours.

— Oui. Cette maison est un gouffre. Ta tante va bien?

— Mais, elle est venue ici. Tu ne l'as pas vue?

— Non, oui, je ne sais plus; elle m'embête. Son fils est beaucoup mieux qu'elle. Très intelligent! Des vues sur beaucoup de choses. En Malacologie même, il n'est pas trop scandaleusement ignare.

— Qui ça? Marcel?

— Eh non, pas l'avorton, Machin, c'est le gendre de Wilhelmine que je veux dire.

L'avorton, l'avorton! On lui en fichera, à papa, des avortons comme celui-là! Non pas que je pense mal du père de Marcel, qui m'attire et me réchauffe, mais enfin...

Sonnette. Mélie se hâte avec lenteur. Mon cousin l'Oncle et mon "neveu" entrent tout reluisants, Marcel surtout, moulé dans des vêtements trop neufs pour mon goût; le voisinage de son père le diminue un peu.

— Cher monsieur... Comme elle est jolie, votre petite, sous ce grand chapeau noir!

— Pas mal, pas mal, fait papa négligemment, en déguisant sa très sincère admiration.

Marcel m'épluche comme d'habitude :

— Mettez donc des suède au lieu de gris-perle; c'est plus joli avec le bleu.

Il a raison. Je change de gants.

Tous trois dans un fiacre fermé, Marcel sur l'affreux strapontin de supplice, nous roulons vers le Châtelet. Comme je trépide à l'intérieur, je ne dis rien et je me tiens sage. Entre l'oncle Renaud et son fils, la conversation ne risque pas de devenir fiévreuse.

— Voulez-vous voir le programme? le voilà. *La Damnation de Faust* : ce n'est pas une première...

— C'est une première pour moi.

Sur la place, les sphinx cracheurs de la fontaine du Palmier me rappellent le jeu dégoûtant qui nous passionnait à Montigny : debout sur une même ligne, à cinq ou six petites sales, les joues gonflées d'eau, nous faisions comme les sphinx, et celle qui avait craché le plus loin gagnait une bille ou des noisettes.

Au contrôle, dans l'escalier, mon cousin l'Oncle a déjà salué ou serré la main à des gens. Il doit venir souvent ici.

C'est mal éclairé. Ça sent le crottin. Pourquoi ça sent-il le crottin? Je le demande tout bas à Marcel qui me répond : "C'est parce qu'on joue *Michel Strogoff* tous les soirs." L'oncle Renaud nous installe dans des fauteuils de balcon, au premier rang. Un peu froncée d'être si en vue je regarde farouchement autour de moi, mais on y voit mal en venant du grand jour, et je me sens à mon avantage. C'est égal, il y en a des dames! Et elles en font un raffut! Ces portes de loges qui claquent, ces chaises remuées, — on se croirait à l'église de Montigny, où personne ne s'occupait jamais de ce que l'abbé Millet disait en chaire, ni même à l'autel.

Cette salle du Châtelet est grande, mais banalement laide; les lumières rougissent dans un halo de poussière. Je vous dis que ça sent le crottin! Et toutes ces têtes, en bas — noires celles des hommes, fleuries celles des femmes — si je leur jetais du pain, à ces gens, est-ce qu'ils ouvriraient la bouche pour l'attraper? Quand donc va-t-on commencer? Mon cousin l'Oncle, qui me voit nerveuse et pâle, me prend la main et la garde entre ses doigts en signe de protection.

Un monsieur barbu, les épaules un peu en " digoinche ", s'avance sur la scène, et des applaudissements (déjà!) arrêtent le si désagréable tumulte des bavardages et des instruments qui s'accordent. C'est Colonne lui-même. Il fait *toc-toc* sur son pupitre avec un petit bâton, inspecte ses administrés d'un regard circulaire, et lève le bras.

Aux premiers accords de la *Damnation*, une boule nerveuse me monte de l'estomac à la gorge et reste là, à m'étrangler. Je n'entends presque jamais d'orchestre, et ces archets jouent sur mes nerfs. J'ai une peur folle de pleurer d'agacement, je serais si ridicule! Avec de grands efforts, je triomphe de cette émotion bête, et je retire doucement ma main de celle de mon oncle, pour me ressaisir mieux.

Marcel lorgne partout, et adresse des signes de tête aux galeries d'en haut, où je distingue des feutres mous, des cheveux longs, des visages sans moustaches et des moustaches intransigeantes.

— Là-haut, m'explique tout bas l'Oncle, c'est tout ce qu'il y a de bien. Des anarchistes musiciens, des écrivains qui changeront la face du monde, et même des garçons bien gentils, sans le sou, qui aiment la musique. C'est là-haut aussi qu'on place "celui qui proteste". Il siffle et profère ses malédictions absconses; un municipal le cueille comme une fleur, l'expulse, et le fait rentrer discrètement par une autre porte. Colonne a essayé d'en engager un spécialement pour des prix modiques, mais il y a renoncé. "Celui qui proteste" doit être avant tout un convaincu.

J'ai envie de rire, à présent, en entendant le Méphistophélès qui détaille les couplets de la puce — si burlesquement prosodiés que Berlioz a dû le faire exprès — oui, j'ai envie de rire parce que ce baryton a une peine infinie à ne pas *jouer* ce qu'il chante. Il se retient tant qu'il peut d'être diabolique, mais il sent sur son front le balancement de la plume fourchue, et ses sourcils dessinent d'eux-mêmes l'accent circonflexe de la tradition.

Jusqu'à l'entracte, j'écoute de toutes mes oreilles inhabiles, peu habituées à discerner les timbres.

— Ça qui chante à l'orchestre, aux instruments à vent, qu'est-ce que c'est, l'Oncle?

— C'est une flûte dans le grave, je crois bien. Nous demanderons ça à Maugis pendant l'entracte, si vous voulez.

L'entracte vient trop tôt à mon gré. Je déteste qu'on me rationne et qu'on me coupe un plaisir sans que je l'aie demandé. Tous ces gens qui sortent, où courent-ils si pressés? Ils ne vont que dans les couloirs, pourtant. Je me colle au flanc de Marcel, mais c'est l'Oncle Renaud qui passe d'autorité son propre bras sous le mien :

— Recueillez-vous, petite fille. Bien qu'on se borne à damner Faust aujourd'hui, sans nouveautés de la jeune École, je peux vous montrer quelques têtes assez connues. Et vos illusions joncheront le sol, telles des couronnes défleuries!

— Oh! C'est la musique qui vous fait sortir tant d'éloquence?

— Oui. Au fond, j'ai une âme de jeune fille sous un front de penseur.

Ses yeux ardoise, indulgents et paresseux, me sourient d'un sourire qui m'apaise et me rend confiante. Son fils est trop tout à tous, en ce moment, et s'en va justement saluer la mère Barmann, qui pérore et décrète dans un groupe d'hommes.

— Fuyons, fuyons, supplie mon Oncle épouvanté. Elle va nous citer le dernier aphorisme social de "son illustre ami", si nous traînons dans ses parages!

— Quel illustre ami? Celui dont elle parlait chez tante Cœur, l'autre dimanche?

— Gréveuille, un académicien très couru qu'elle subventionne, loge et nourrit. L'hiver dernier, je dînais encore dans cette boîte-là, et je suis parti sur cette impression délicate : le grand homme installé devant la cheminée Louis XIII, et présentant au feu, ingénument, ses deux bottines non reboutonnées...

— Pourquoi non reboutonnées? (Je lui pose la question avec une candeur assez bien imitée.)

— Parbleu, parce qu'il venait de... Claudine, vous êtes insupportable! Aussi, c'est tout à fait ma faute. Je n'ai pas l'habitude des petites filles, moi. Je suis Oncle depuis si peu de temps. Mais j'aurai l'œil désormais.

— Tant pis! Ça ne sera pas si drôle.

— Chut, petite horreur!... Vous qui lisez *tout*, savez-vous qui est Maugis, que j'aperçois là-bas?

— Maugis? Oui, il fait de la critique musicale, des articles mêlés de grossièretés, de calembours, un salmigondis d'afféterie et de lyrisme que je ne comprends pas toujours...

— "D'afféterie et de lyrisme!" Quelle drôle de nièce j'ai là, mon Dieu! C'est pas mal jugé du tout, vous savez? Mais je vais avoir un vrai plaisir à vous sortir, mon petit poulet!

— Merci bien! Si je sais ce que parler veut dire, vous m'aviez donc "sortie" par politesse, aujourd'hui?

Nous arrivons sur le Maugis en question; très animé, il discute d'une voix de gorge qui s'étrangle facilement, et me paraît subir une phase de lyrisme. Je m'approche encore. Sans doute il donne la volée à ses admirations? Bardadô! (comme on dit chez nous quand un enfant tombe...) Voici ce que j'entends :

— Non, mais avez-vous savouré ce cochon de

trombone aboyant parmi les roses de cette nuit écloses ?
Si Faust dort malgré ce potin-là, c'est qu'il a dû lire
Fécondité avant de se coller au pieu. D'ailleurs, quel
fumier, cet orchestre ! Il y a là une pourriture de
petit flûtiste qui n'est pas fichu, dans le Ballet sylphi-
litique, de souffler sa note de malheur en même temps
que les machins harmoniques des harpes ; si je le
tenais, je lui ferais avaler son instrument par le...

— Mon ami, mon ami, module avec douceur
l'Oncle dans le dos du convulsionnaire, si vous
continuez, vous allez perdre toute modération de
termes !

Maugis fait virer ses grosses épaules et montre un
nez bref, des yeux bleus bombés sous des paupières
tombantes, deux grandes moustaches féroces au-dessus
d'une bouche enfantine... Encore tout gonflé d'une
juste fureur, ses yeux en hublots et son cou conges-
tionné lui donnent l'air d'un petit bœuf quelque peu
batracien. (Les leçons d'histoire naturelle de Montigny
m'ont profité.) Mais il sourit, maintenant, d'une
bouche avenante, et, comme il salue, en montrant un
crâne rose, aux dimensions exagérées, je constate que
tout le bas de la figure — menton flou, noyé d'em-
bonpoint, et lèvres puériles, — dément sans cesse
l'énergie du front vaste et du court nez volontaire.
On me présente. Alors :

— Bon vieillard, pourquoi amenez-vous Mademoiselle dans ce lieu équivoque ? interrogea Maugis.

Il fait si beau aux Tuileries avec un bon cerceau...

Vexée, je me tais. Et ma dignité amuse beaucoup les deux hommes.

— Votre Marcel est ici? demande le critique à mon oncle.

— Oui, il est venu avec sa tante.

— Hein? sursauta Maugis. Il s'affiche maintenant avec sa...

— Claudine, explique mon Oncle en haussant les épaules, Claudine, que voici est sa tante. Nous sommes une famille compliquée.

— Ah! Mademoiselle, vous êtes la tante de Marcel? Il y a des prédestinations!

— Si vous croyez que vous êtes drôle! bougonne mon Oncle partagé entre l'envie de rire et le désir de grogner.

— On fait ce qu'on peut, réplique l'autre.

Qu'est-ce que cela signifie? Il y a là quelque chose que je n'ai pas compris.

La jolie Cypriote, madame Van Langendonck, nous croise, escortée de six hommes qui semblent, tous les six, également épris d'elle, et qu'elle caresse impartialement de ses yeux de gazelle extasiée.

— Quelle délicieuse créature! N'est-ce pas, l'Oncle?

— Certes, oui. C'est une de ces femmes qu'il faut avoir à un jour de réception. Elle orne et elle aguiche.

— Et, ajoute Maugis, pendant que les hommes la

contemplent, ils oublient de bâfrer tous les pains fourrés.

— Qui saluez-vous là, l'Oncle?

— Un trio de haute valeur.

— Comme celui de César Franck, coupe Maugis.

L'Oncle continue :

— Trois amis qui ne se quittent jamais; on les invite ensemble, et on regretterait de les séparer. Ils sont beaux, ils sont propres, et chose incroyable, parfaitement honnêtes et délicats. L'un compose de la musique, de la musique personnelle et charmante; le second, celui qui parle avec la princesse de C..., la chante en grand artiste, et le troisième pastellise, adroit, en les écoutant.

— Si j'étais femme, conclut Maugis, je voudrais les épouser tous les trois!

— Comment s'appellent-ils?

— Vous les entendrez presque toujours nommer ensemble : Baville, Bréda et della Sugès.

Mon oncle échange des bonjours en passant avec le trio, qu'on regarde avec plaisir. Un Valois égaré parmi nous, mince et racé comme un lévrier héraldique, c'est Baville; un beau garçon sain, avec des yeux bleus cernés et une délicieuse bouche féminine, Bréda, le ténor; ce grand nonchalant de della Sugès, qui garde un peu d'Orient dans le teint mat et le nez à vive arête, regarde passer les gens, sérieux comme un enfant sage.

— Vous qui êtes un spécialiste, Maugis, désignez un peu à Claudine quelques échantillons notoires...

— ... du Tout-Paris, fait'ment. C'est un joli spectacle à faire voir à une enfant. Tenez, jeune *backfisch*, voici d'abord... à tout seigneur tout honneur... le stérilisateur élégant cher à toutes celles qui jamais, oh! jamais plus, *ovairemore*, ne voudront combattre la dépopulation de notre chère patrie...

L'Oncle ne peut réprimer un petit geste d'humeur; il a bien tort; mon gros montreur parle avec une telle volubilité, évidemment voulue, que je n'arrive pas à saisir la moitié de ses plaisanteries; elles ne dépassent pas sa moustache, et je le regrette, car l'agacement qu'elles procurent à mon oncle me prouve leur raideur.

A présent, d'un ton plus rassis, Maugis m'énumère d'autres gloires :

— Contemplez, tante enviable de l'enviable Marcel, quelques-uns des critiques que Sainte-Anne nous envie : cette barbe, dont nous allons chanter à la ronde, si vous voulez, que l'eau oxygénée la dore et qu'elle est blonde comme les blés, cette barbe se nomme Bellaigue. Ah! Le Scudo de la *Revue des Deux Mondes* aurait dû la tourner sept fois dans sa bouche avant de proférer tels blasphèmes anti-wagnériens... mais il lui sera beaucoup pardonné parce qu'il a beaucoup aimé *Parsifal*... Autre critique : ce petit pas beau...

— Qui vient en rasant les murs ?

— Oui, il rase même les murs, ce tortillé — racine de buis, va ! — Ah ! c'qu'il est " carne " avec ses pauvres confrères, le frère !... Quand il n'écrit pas de musique, c'qu'il en fait courir, de vilains bruits...

— Et quand il écrit de la musique ?

— Il en fait courir de plus vilains encore, alorsss !

— Montrez-moi d'autres critiques, dites ?

— Pouah ! On a des goûts saumâtrement dépravés en votre patelin, ô princesse lointaine. Non ! Je ne vous montrerai plus d'autres critiques, pour ce que la musicographie française ne compte ici, comme représentants, que les deux bipèdes dont je viens d'avoir l'honneur de vous...

— Mais les autres ?

— Les autres, qui sont au nombre de neuf cent quarante-trois et demi (il y en a un cul-de-jatte), les autres ne s'aventurent jamais dans une salle de concert — d'ailleurs, pour ce que ça leur servirait — et refilent pieusement leurs places aux camelots. Ils vendent leurs arrêts, et même leurs " services " ! Mais laissons ces croquants, et contemplons madame Roger-Miclos au profil de camée, Blowitz à la face de gorille, Diémer qui recèle dans sa bouche un clavier sans dièzes, l'avocat Dutasby qui n'a pas raté un seul concert Colonne depuis le jour où il a été sevré.

— Qui c'est, cette belle personne qui ondule dans sa robe ?

— Dalila, Messaline, la future Omphale, la part de l'Autriche.

— Hein?

— Vous n'avez pas lu ça dans le père Hugo? " l'Angleterre prit Leygues "... je me demande ce qu'elle a bien pu en fiche... " et l'Autriche : l'Héglon! "

— Et toutes ces dames chic?

— Rien, moins que rien : Haute noblesse et Haute banque, Gotha et Goldgotha, le dessus du panier d'Hosier et du panier à salade. Ça loue des loges par genre — le genre ennuyeux —, c'est musicien comme des putois, et toutes jacassent à couvrir l'orchestre, depuis la marquise de Saint-Fiel qui vient ici à la retape des artistes qu'elle fait fonctionner chez elle, ophtalmiquement, jusqu'à la mignonne Suzanne de Lizery, ce Greuze nanti, " la Cruche casée ", dite aussi " le nom propre "...

— Parce que?

— Parce qu'elle n'a pas d'orthographe.

Me jugeant suffisamment ahurie, Maugis s'éloigne, appelé par un camarade vers les bocks du buffet, bien dus à un gosier que vient de dessécher tant d'éloquence.

J'avise Marcel devant un pilastre du foyer; il parle bas et vite à un très jeune homme dont je ne vois que la nuque brune aux cheveux très soyeux; je tire légèrement l'Oncle pour tourner le pilastre et je reconnais les yeux liquides, la figure blanche et noire de certaine photographie, sur la cheminée de la chambre de mon " neveu ".

— Mon oncle, savez-vous le nom du jeune homme qui cause avec Marcel, là, derrière le pilier?

Il se retourne et jure un gros juron dans sa moustache.

— Parbleu, c'est Charlie Gonzalès... Il est rasta, en outre.

— En outre.

— Oui, je veux dire... ce n'est pas une camaraderie qui m'enchante pour Marcel... Ce garçon est d'un voyant!...

Une sonnerie nous rappelle. Marcel nous retrouve aux fauteuils. J'oublie beaucoup de choses pour écouter mademoiselle Pregi se plaindre, abandonnée, poignante, et l'orchestre m'enserre, l'orchestre où bat à coups sourds le cœur de Marguerite. On bisse l'invocation à la Nature; Engel, impérieux, y ajoute des cheveux de tempête et remue enfin ce public qui n'écoute guère. " C'est que, m'explique mon oncle, il ne l'a guère entendue que soixante-seize fois, la *Damnation*, ce public-là! " Marcel, à ma gauche, plisse sa bouche mécontente. Quand son père est là, il a l'air de m'en vouloir.

A travers des tumultes qui me fatiguent, Faust court à l'Abîme, — et nous vers la sortie, peu après.

Il fait encore jour dehors, et le soleil bas éblouit.

— Voulez-vous goûter, mes petits?

— Merci, père, je vous demande la permission de vous quitter; j'ai pris rendez-vous avec des amis.

— *Des* amis? Ce Charlie Gonzalès, je pense.

— Charlie et d'autres, répond Marcel d'une voix cassante.

— Va. Seulement, tu sais, ajouta mon Oncle plus bas, penché sur son fils, le jour où j'en aurai assez, je ne te l'enverrai pas dire... Tu ne me feras pas deux fois l'histoire du lycée Boileau.

Quelle histoire? Je me cuis d'envie de la connaître. Mais, sans répondre, les yeux noirs de rage concentrée, Marcel prend congé et file.

— Avez-vous faim, mon petit? redemande mon Oncle. Sa figure désenchantée a vieilli depuis tout à l'heure.

— Non, merci. Je vais rentrer, si vous voulez bien me mettre en voiture.

— Je m'y mettrai même avec vous. Je vous accompagne.

Comme une grande faveur, je sollicite de monter dans un "pneu" qui passe; ce roulement ouaté et rebondissant me charme.

Nous ne disons rien. L'Oncle regarde devant lui d'un air embêté et las.

— J'ai des ennuis, me dit-il au bout de dix minutes,

répondant à une question que je n'ai pas posée. Parlez-moi, petite fille, distrayez le vieux monsieur.

— Mon oncle... je voulais vous demander comment vous connaissez ces gens-là. Maugis, les autres...

— Parce que j'ai traîné un peu partout depuis quinze ou vingt ans, et que les relations de journalisme sont faciles ; à Paris, on se lie vite...

— Je voulais vous demander aussi, — mais si c'est indiscret, vous répondrez n'importe quoi — ce que vous faites ordinairement, si... si vous avez un métier, quoi ! J'ai envie de le savoir.

— Si j'ai un métier ? Hélas, oui ! C'est moi qui "fais" la politique extérieure dans la *Revue diplomatique*.

— Dans la *Revue diplomatique*... Mais c'est rasant comme tout ! Je veux dire (quelle gaffe ! je sens que je m'empourpre), je veux dire que ce sont des articles très sérieux...

— N'arrangez rien ! Ne rabibochez pas ! Vous ne pouvez pas me flatter davantage ; cette parole rédemptrice vous sera comptée. Toute ma vie, j'ai été considéré par votre tante Wilhelmine, et par beaucoup d'autres, comme un individu méprisable qui s'amuse et qui amuse ses amis. Depuis dix ans, je me venge en embêtant mes contemporains. Et je les embête de la façon qu'ils préfèrent, je suis documenté, je suis poncif, je suis pessimiste et geignard !... Je rachète, Claudine, je remonte dans ma propre estime, j'ai pondu vingt-quatre articles, deux douzaines, sur le coup de la dépêche d'Ems, je m'intéresse présentement, trois fois par semaine, depuis six mois, à la politique russe en Mandchourie, et de la sorte je me procure l'utile numéraire.

— C'est inouï! Je suis confondue!

— Maintenant, pourquoi je vous raconte tout ça, c'est une autre affaire. Je crois que vous cachez, sous l'ambition folle de sembler une grande personne à qui on n'en remontre pas, une âme enthousiaste et violente de fillette solitaire. Je ne m'épanche guère, vous l'avez vu, avec ce petit malheureux de Marcel, et j'ai des trop-pleins de paternité. Voilà pourquoi votre oncle n'est pas muet.

Le cher homme! J'ai envie de pleurer. La musique, l'énervement... quelque chose d'autre aussi. C'est un père comme lui qui me manque. Oh! je ne veux pas dire du mal du mien; ce n'est pas de sa faute s'il est un peu spécial... Mais celui-ci, je l'aurais adoré! Avec l'embarras que j'éprouve toujours à montrer ce qui peut se trouver de bon en moi, je me risque...

— Vous savez, je serais peut-être un très passable déversoir, moi...

— Je m'en doute bien, je m'en doute bien. (Ses deux grands bras se ferment sur mes épaules, et il rit pour ne pas s'attendrir.) Je voudrais qu'on vous fît des misères pour que vous puissiez venir me les conter...

Je reste appuyée contre son épaule, les pneus font ronron sur le mauvais pavé qui longe les quais, et le grelot éveille en moi des idées romantiques de nuit et de chaise de poste.

— Claudine, que faisiez-vous à Montigny à cette heure-ci?

Je tressaille; je ne songeais pas du tout à Montigny.

— A cette heure-ci... Mademoiselle frappait dans ses mains pour la rentrée du cours du soir. Pendant une heure et demie, jusqu'à six heures, on s'abîmait les yeux à lire les leçons dans le crépuscule, ou pis encore, à la lumière de deux lampes à pétrole suspendues trop haut. Anaïs mangeait de la mine de plomb, de la craie ou du bois de sapin, et Luce me mendiait, avec des yeux de chatte, mes pastilles de menthe trop poivrées... Ça sentait le balayage de quatre heures, la poussière arrosée, l'encre et la petite fille mal lavée...

— Si mal lavée? Diable! Cette hydrophobie n'avait point d'autre exception que vous?...

— Si, évidemment; Anaïs et Luce m'ont toujours eu l'air assez propres; mais les autres, je les connaissais moins, et, dame, les cheveux bien lissés, les bas tirés et les chemisettes blanches, ça ne veut quelquefois rien dire, vous savez!

— Dieu, si je le sais! Je ne peux malheureusement pas vous dire à quel point je le sais.

— Les autres élèves n'avaient pas, pour la plupart,

les mêmes idées que moi sur ce qui est sale et propre. Tenez, Célénie Nauphely, par exemple...

— Ah! ah! voyons ce que faisait Célénie Nauphely!

— Eh bien, Célénie Nauphely, elle se levait debout, — une grande fille de quatorze ans — à trois heures et demie, une demi-heure avant la sortie, et elle disait à voix haute, d'un air pénétré et important : " Mademoiselle, si vous plaît que je m'en âlle, il faut que j'âlle téter ma sœur. "

— Miséricorde! téter sa sœur?

— Oui, figurez-vous que sa sœur mariée, qui sevrait un enfant, avait trop de lait, et que ses seins lui faisaient mal. Alors, deux fois par jour, Célénie la tétait pour la soulager. Elle prétendait qu'elle recrachait le lait, mais c'est égal, elle devait en avaler malgré elle. Eh bien, les gobettes l'entouraient d'une considération envieuse, cette nourrissonne. Moi, la première fois que j'ai entendu raconter ça, je n'ai pas pu goûter. Ça ne vous fait rien, à vous?

— N'insistez pas davantage, ou je crois, qu'en effet, ça me fera quelque chose. Vous m'ouvrez d'étranges horizons sur les institutions du Fresnois, Claudine!

— Et Héloïse Basseline, qui trouve un soir Claire, ma sœur de communion, les pieds dans l'eau! " Tiens, qu'elle lui fait, t'es pas folle? Nous ne sommes pas samedi pour te beûgner les pieds! — Mais, répond

Claire, je les lave tous les soirs. " Là-dessus, Héloïse Basseline part en haussant les épaules et en disant : " Ma chère, à seize ans tu as déjà des manies ridicules de vieille fille! "

— Dieu du ciel!

— Oh! je vous en dirais bien d'autres, mais les convenances s'y opposent.

— Bah! un vieil oncle.

— Non, tout de même, je ne veux pas... Tiens, à propos, ma sœur de communion se marie.

— La laveuse de pieds? A dix-sept ans? Elle est toquée!

— Tiens, pourquoi donc! dis-je, cabrée. A dix-sept ans, on n'est plus une gobette! Moi, je pourrais très bien me marier aussi!

— Et avec qui?

Prise au dépourvu, je me mets à rire :

— Ah! ça, c'est autre chose. L'élu se fait attendre. On ne se rue pas, jusqu'à présent. Ma beauté ne fait pas encore assez de bruit par le monde.

L'Oncle Renaud soupire en s'adossant au fond de la voiture :

— Hélas! vous n'êtes pas assez laide, vous ne resterez pas longtemps pour compte. Un monsieur s'éprendra de cette silhouette souple et du mystère de ces yeux allongés... et je n'aurai plus de nièce, et vous aurez bien tort.

— Alors, il ne faut pas me marier?

— Ne croyez pas, Claudine, que j'exige de vous un tel dévouement avunculaire. Mais, au moins, je vous en prie, n'épousez pas n'importe qui.

— Choisissez-moi vous-même un mari de tout repos.

— Comptez là-dessus !

— Pourquoi ? Vous êtes si gentil pour moi !

— Parce que je n'aime pas qu'on mange sous mon nez de trop bons gâteaux... Descendez, mon petit, nous arrivons.

Ce qu'il vient de dire là, c'est meilleur que tous les autres compliments, je ne l'oublierai pas.

Mélie nous ouvre, un sein dans la main, et je trouve, dans le trou à livres, papa en grande conférence avec M. Maria. Ce savant poilu que j'oublie facilement, passe ici une heure presque tous les matins, je le vois peu.

Quand l'Oncle Renaud est parti, papa m'annonce solennellement :

— Mon enfant, je dois te faire part d'une heureuse nouvelle.

Qu'est-ce qu'il a encore inventé de néfaste, mon Dieu !

— M. Maria veut bien me servir de secrétaire et m'aider dans mes travaux.

Quel bonheur, ce n'est que ça ! Soulagée, je tends la main à M. Maria.

— Mais je suis très heureuse, Monsieur, je suis certaine que votre collaboration doit rendre à papa d'énormes services.

Je ne lui en ai jamais tant dit, à cet homme timide, et il se réfugie derrière sa forêt de cheveux, de barbe, de cils, sans réussir à cacher sa confusion. Je soupçonne cet honnête garçon de nourrir pour moi, à peu de frais, ce que Maugis appellerait un " béguin ". Ça ne me gêne pas. En voilà un qui ne songera pas à me manquer de respect!

Encore une lettre de Claire, qui radote son bonheur. " Comme tu dois t'amuser! ", me dit-elle, pour avoir l'air de penser à moi. M'amuser? Peuh!... Ce n'est pas que je m'ennuie, mais je ne suis pas contente. N'allez pas croire que je suis amoureuse de Marcel. Non. Il m'inspire de la défiance, de l'intérêt, un peu de tendresse méprisante, et, physiquement, l'envie de le toucher. C'est ça. J'ai tout le temps l'envie de le peigner, de caresser ses joues, de lui tirer les oreilles, de lui décoller un peu les ongles comme à Luce, et, comme je faisais avec elle, d'approcher un de mes yeux d'un de ses yeux, cils contre cils, pour voir fantastiquement remuer les zébrures bleues de ses iris. Tout de même, quand on y pense bien, il ressemble un peu à son père, diminué. Oh! oui, diminué!

Et toujours rien de Luce. C'est bizarre, si longtemps, ce silence!

J'ai un costume tailleur, après deux essayages à *New Britannia* avec Marcel, deux séances à mourir de rire, bien que j'aie tenu mon sérieux comme une vraie dame. Mon "neveu" fut admirable. Installé à trois pas sur une chaise, dans une des petites cabines de glaces, il a fait viôner[1] la jupière Léone et M. Rey, le coupeur, avec une désinvolture que j'admire : " La pince des hanches un peu plus en arrière, vous ne trouvez pas, Mademoiselle? Pas trop longue, la jupe; à ras de terre, c'est très suffisant pour trotter, et d'ailleurs Mademoiselle ne sait pas encore marcher en jupes très longues... (Regard enfiellé de Claudine qui ne dit rien...) Oui, la manche tombe bien. Deux petites poches en croissant à la veste, pour les pouces quand on a les mains vides... Claudine, pour Dieu, deux secondes d'immobilité! Fanchette remuerait moins que vous. " La jupière, médusée, ne savait que penser. Elle regardait en dessous à quatre pattes sur le tapis, et se demandait visiblement : " C'est pas son frère, puisqu'il ne la tutoie pas, mais c'est-y son gigolo? " Et quand après le dernier essayage, " l'essayage fini ", nous sommes partis ensemble, Claudine raide dans sa chemisette à col blanc, sous son canotier qui dompte mal les cheveux courts, Marcel m'a dit, avec un œil de côté :

— Je sais bien de quoi vous avez l'air, Claudine, mais je garde mon opinion pour moi.

1. Tourner comme une toupie.

— Pourquoi? Vous pouvez y aller, maintenant que vous avez dit ça.

— Non pas! Le respect, le sentiment de la famille!... Mais ce col empesé et ces cheveux bouclés court, et cette jupe plate, ah! la la! Papa est capable d'en froncer le nez.

Je demande, déjà inquiète :

— Vous croyez qu'il n'aimera pas ça?

— Bah! il s'y fera. Papa n'est pas un saint, sous ces airs de défenseur de la morale outragée.

— Dieu merci, non, pas un saint. Mais il a du goût.

— Moi aussi, j'ai du goût! fait Marcel pincé.

— Vous, vous avez surtout... des goûts, et pas ordinaires.

Il rit, du bout des lèvres, pendant que nous montons le triste escalier de la rue Jacob. Mon "neveu" veut bien goûter avec moi, dans ma chambre, où j'installe sur nos genoux du rahat-lukum, des bananes trop avancées, et des grogs froids avec des gâteaux salés. Il fait chaud, dehors, et frais dans ma chambre sombre. Je vais risquer quelque chose que je retiens depuis plusieurs jours :

— Marcel, qu'est-ce que c'est que l'histoire du lycée Boileau?

Accoudé au bras du fauteuil crapaud, en train de grignoter un gâteau salé au bout de ses doigts fins, il se retourne comme un lézard et me dévisage. Les joues enflammées, les sourcils serrés, avec sa bouche ouverte et surprise, quel beau petit dieu irrité ! " Petit comme *une* ail ", mais si beau !

— Ah ! vous avez entendu ça ? Mes compliments, vous avez l'oreille bonne. Je pourrais vous répondre que... ça ne vous regarde pas...

— Oui, mais je suis trop gentille pour que vous me répondiez d'une si vilaine façon.

— L'histoire du lycée Boileau ? Une pure infamie, et que je n'oublierai pas, tant que je vivrai ! Mon père, ça vous apprendra peut-être à le connaître mieux, vous qui le gobez. Il m'a fait là quelque chose...

C'est inouï ce qu'il a l'air " chetit ", ce petit. Toute ma curiosité bouillonne.

— Dites-moi l'histoire, je vous en prie.

— Eh bien... Vous savez, Charlie ?

— Si je sais !

— Voilà. Quand je suis entré comme externe au lycée Boileau, Charlie devait en sortir l'année suivante. Tous ces garçons mal tenus, avec des poignets rouges et des cols sales, m'ont écœuré ! Lui seul... J'ai eu cette impression qu'il me ressemblait, à peine plus âgé ! Il m'a longtemps regardé sans me parler, et puis, à propos de rien nous nous sommes rapprochés, on ne résiste guère à l'attirance de ces yeux-là... J'étais obsédé de lui, sans oser le lui dire, il était, — je dois le croire, chuchote Marcel en baissant les cils — obsédé de moi, puisque...

— Il vous l'a dit?

— Non, il me l'a écrit. Hélas!... Mais attendez. J'ai répondu, avec quelle reconnaissance! Et depuis, nous nous sommes vus hors du collège, chez grand-mère, ailleurs... Il m'a fait connaître et aimer mille choses que j'ignorais...

— Mille!

— Oh! ne vous pressez pas de croire à des *Lucéries*, proteste Marcel en étendant la main. Des échanges de pensées, de livres annotés, de menus souvenirs...

— Pensionnaire, va!

— Pensionnaire, si vous voulez. Et surtout cette correspondance exquise, presque quotidienne, jusqu'au jour...

— Ah! voilà ce que je craignais!

— Oui, papa m'a volé une lettre.

— *Volé* est vif.

— Enfin, il dit qu'il l'a ramassée par terre. Un moins malveillant que lui aurait peut-être deviné tout ce que ces tendresses écrites contenaient de... de littérature pure. Mais lui! Il est entré dans une fureur de brute, — ah! quand j'y songe, je crois que je lui ferais tout le mal qu'on peut faire — il m'a giflé! Et il est allé, là-dessus, faire, comme il le disait, du " pétard " au collège.

— D'où l'on vous a... prié de sortir?

— Si ce n'était que ça. Non, c'est Charlie qu'on a chassé. On a osé! Sinon, papa aurait probablement fait du "pétard" dans ses sales journaux. Il en est bien capable.

Avide, j'écoute et j'admire. Ses joues rouges, ses yeux bleus qui noircissent, et cette bouche qui palpite, les coins tirés, peut-être, par une envie de pleurer — je ne verrai jamais de fille aussi belle que lui!

— La lettre; votre père l'a gardée, naturellement?

Il rit pointu.

— Il aurait bien voulu! Mais, moi aussi, je suis adroit, je l'ai reprise, avec une clef qui ouvrait son tiroir.

— Oh! montrez-la-moi, je vous en supplie!

Avec un geste instinctif vers sa poche de poitrine, il répondit :

— J'en serais bien empêché, ma chère, je ne l'ai pas sur moi.

— Je suis tout à fait certaine que vous l'avez, au contraire; Marcel, mon joli Marcel, ce serait mal reconnaître la confiance, la belle confiance de votre amie Claudine!

J'avance sur lui des mains insidieuses et je fais mes yeux aussi câlins que je puis.

— Petite fouineuse! Vous n'allez pas me la prendre de force? A-t-on jamais vu! Là, laissez, Claudine, vous allez me casser un ongle. Oui, on va vous la montrer. Mais vous l'oublierez?

— Sur la tête de Luce!

Il tire un porte-cartes féminin, vert empire, en

extrait un papier pelure soigneusement plié, griffonné d'une écriture minuscule.

Savourons la littérature de Charlie Gonzalès :

Mon chéri,

Je vais rechercher ce conte d'Auerbach, et je t'en traduirai les passages où est décrite l'amitié amoureuse des deux enfants. Je sais l'allemand comme le français, cette version n'aura donc pour moi aucune difficulté, et je le regrette presque, car il m'aurait été doux d'éprouver quelque peine pour toi, mon seul aimé.

Oh! oui, seul! mon seul aimé, mon seul adoré! Et dire que ta jalousie toujours en éveil vient encore de tiquer! Ne dis pas non, je sais lire à travers tes lignes comme je sais lire au fond de tes yeux, et je ne puis me méprendre à la petite phrase énervée de ta lettre sur " le nouvel ami aux boucles trop noires dont la conversation m'absorbait si fort à la sortie de quatre heures ".

Ce prétendu nouvel ami, je le connais à peine; ce garçonnet " aux boucles trop noires " (pourquoi trop?) est un Florentin, Giuseppe Bocci, que ses parents ont installé pensionnaire chez B..., le fameux prof. de philo, pour le soustraire à la dépravation des camarades scolaires; il a des parents qui ont vraiment du nez! Cet enfant me parlait d'une amusante étude psychologique consacrée par un de ses compatriotes aux Amicizie di Collegio *que ce Kraft Ebing transalpin définit, paraît-il, " un mimétisme de l'instinct passionnel " — car, italiens, allemands ou français, ces matérialistes manifestent, tous, la plus écœurante morticolore imbécillité.*

Comme la brochure contient d'amusantes observations, Giuseppe me la prêtera; je la lui ai demandée... pour qui?... Pour toi, bien entendu, pour toi qui m'en récompenses par cet inique soupçon. Reconnais-tu ton injustice? Alors embrasse-moi. Ne la reconnais-tu pas? En ce cas, c'est moi qui t'embrasse.

Que de bouquins on a fabriqués, déjà, traitant plus ou moins maladroitement de cette question attirante et complexe entre toutes!...

Pour me retremper dans ma foi et ma religion sexuelle, j'ai relu les brûlants sonnets de Shakespeare au comte de Pembroke, ceux, non moins idolâtres, de Michel-Ange à Cavalieri, je me suis fortifié en reprenant des passages de Montaigne, de Tennyson, de Wagner, de Walt Whitmann et de Carpenter...

C'est drôle. Je jurerais que j'ai déjà lu quelque part cette liste d'auteurs un peu spéciaux!

" Mon svelte enfant chéri, mon Tanagra tiède et souple, je baise tes yeux qui palpitent. Tu le sais, tout ce passé malsain que je t'ai sacrifié sans hésitation, tout ce passé de curiosités avilissantes, à présent détestées, me semble aujourd'hui un cauchemar douloureux et lointain. Ta tendresse seule demeure, et m'exalte, et m'incendie...

" Zut! Il me reste juste un quart d'heure pour étudier " le Conceptualisme d'Abélard ". Ses conceptions devaient être d'un ordre particulier, à cet amputé.

A toi corps et âme,

Ton Charlie.

C'est fini. Qu'est-ce que je dois dire? Je suis un peu intimidée par ces histoires de garçons. Ça ne m'étonne pas du tout que le père de Marcel ait *tiqué*, lui aussi... Oh! je sais bien, je sais très bien que mon neveu est tout à fait ragoûtant, et même pis. Mais l'autre? Marcel l'embrasse, il l'embrasse ce Charlie phraseur et plagiaire, malgré la petite moustache noire? Marcel ne doit pas être vilain, quand on l'embrasse. Je le regarde en dessous avant de rendre la lettre; il ne pense pas du tout à moi, ne songe pas à me demander mon opinion; le menton appuyé dans sa main, il suit une idée. Sa ressemblance avec mon cousin l'Oncle, évidente à ce moment-là, me gêne brusquement et je lui rends les feuillets.

— Marcel, votre ami écrit plus joliment que Luce ces lettres-là.

— Oui... Mais vous n'êtes pas indignée, enfin, d'une rigueur si stupide, châtiant un Charlie si exquis?

— Indignée, ce n'est peut-être pas le mot, mais je suis surprise. Car enfin, il ne saurait y avoir qu'un seul Marcel en ce monde, mais j'imagine que les collèges doivent receler d'autres Charlie.

— D'autres Charlie! Voyons, Claudine, vous ne le compareriez pas à ces potaches souillés qui... Tenez, donnez-moi à boire, et un lukum! j'en ai chaud de penser à tout cela.

Il s'éponge d'un petit mouchoir en linon bleu. Comme je lui tends, empressée, un grog froid, il pose son porte-cartes près de lui, sur la table d'osier, et s'adosse encore fébrile, pour boire à petites gorgées. Il suce un lukum à la rose, mordille une galette salée, et s'absorbe dans le souvenir de son Charlie. Et moi je me demande, mordue par la curiosité, mordue à crier, quelles autres lettres peut bien contenir le porte-cartes vert empire. Je ressens parfois (pas souvent, Dieu merci) de ces laides et violentes convoitises, aussi âpres que des envies de voler. Certes, je m'en rends bien compte, si Marcel me surprend en train de fouiller dans sa correspondance, il aura le droit de me mépriser, et en usera, mais, à cette pensée, le rouge de la honte n'envahit pas mon front, comme il eût été de règle dans toute narration scolaire. Tant pis ! Je pose, négligente, une assiette à gâteaux sur le porte-cartes tentateur. Si ça prend, ça prendra.

— Claudine, dit Marcel qui s'éveille, ma grand-mère vous trouve bien sauvage.

— C'est vrai. Mais je ne sais pas lui parler. Que voulez-vous, je ne la connais pas, moi...

— Ça n'a, d'ailleurs, aucune importance... Dieu ! comme Fanchette se déforme !

— Silence ! ma Fanchette est toujours admirable ! Elle aime beaucoup votre père.

— Ça ne m'étonne pas... il est si sympathique !

Il se lève sur ce mot aimable. Il glisse le chiffon de linon dans sa poche gauche... aïe !... non, il n'y pense pas. Qu'il s'en aille, vite ! Je me souviens, une seconde, des billets doux d'Anaïs qu'une semblable crise de curiosité me fit jadis extraire, à demi brûlés, du poêle de l'École... et je ne sens aucun remords. D'ailleurs, il a blagué son père, c'est un vilain petit garçon !

— Vous partez ? déjà ?

— Oui, il le faut. Et, je vous assure, ce n'est jamais sans regret. Car vous êtes la confidente rêvée, — et si peu femme!

On n'est pas plus aimable! Je le reconduis jusqu'à l'escalier pour m'assurer que la porte, dûment close, l'obligera à sonner s'il remonte.

Vite, au petit porte-cartes! Il sent bon; le parfum de Charlie, je suppose.

Dans une pochette, le portrait de Charlie. Un portrait-carte en buste, les épaules nues, la bandelette antique ceignant le front, et cette date " 28 décembre ". Voyons le calendrier : " 28 décembre; les Saints-Innocents ". Vrai, les hasards de l'almanach en ont de bonnes!

Une pincée de petits bleus, écriture longue et prétentieuse, orthographe hâtive : des rendez-vous fixés ou remis. Deux télégrammes signés... Jules! Ah, ça, par exemple, Anaïs en bâillerait d'étonnement. Avec cette correspondance une photographie de femme! Qui est-ce? Une fort jolie créature, mince à l'excès, les hanches fuyantes, décolletée discrètement dans du chantilly pailleté; les doigts sur les lèvres, elle jette un baiser, au bas de la carte, la même signature... Jules! Ça! un homme? Voyons, voyons! J'aiguise mes yeux, je cours chercher la vénérable tri-loupe de papa, j'examine minutieusement : les poignets de " Jules " paraissent peut-être un peu forts, mais bien moins choquants que ceux de Marie Belhomme, pour ne citer que celle-là; les hanches ne peuvent pas être masculines, ni ces épaules rondes, et pourtant, pourtant les muscles du cou, sous l'oreille, me font hésiter davantage. Oui, le cou est bien d'un éphèbe; je m'en aperçois... C'est égal!... Continuons nos fouilles :

Sur un papier de cuisinière, en style de cuisinière, voici, orthographiés à la cuisinière, des renseignements obscurs :

" *Tant qu'à moi, je ne vous conseye pas d'allé rue Traversière, mais vous ne risquez rien de m'accompagner chez Léon; c'est une salle aventageuse, près de la Brasserie que je vous ai causé, et vous y vérez des personnes qui valent la peine, des écuilliers de Médrano, eccetera. Pour ce qui est d'Ernestine et de la Charançonne, ayez l'œil! Je ne crois pas que Victorine a déjà tiré au sort. Rue Lafite, grand-mère a dû vous dire que l'hôtel est sûr.* "

Quel drôle de monde! C'est ce ramassis que Charlie a "sacrifié" à Marcel! Et il ose s'en faire un titre! Ce qui m'ahurit par-dessus tout c'est que mon "neveu" accepte sans dégoût les restes d'une affection où il a traîné des Charançonnes, des écuyers; "eccœtera"... En revanche, je comprends à merveille que Charlie, écœuré à la fin des Jules trop complaisantes — tout de même, cette photographie invraisemblable! — ait trouvé adorable la nouveauté d'un enfant qui lui apportait une sentimentalité inédite, avec des scrupules délicieux à vaincre...

Décidément, ce Charlie me répugne. Mon cousin l'Oncle a eu joliment raison de le faire flanquer à la porte du lycée Boileau... Un garçon brun comme lui, ça doit avoir des poils sur la poitrine...

— Mélie ! Vite, cours chez tante Cœur, prends un fiacre, c'est pour porter ce petit paquet à Marcel, avec une lettre que je lui écris. Tu ne le laisseras pas chez le concierge...

— Une lettre, bonnes gens ! Ben sûr que je la monterai ! T'es une belle fille. Sois tranquille, ma nonore, ça sera remis. Et personne n'y verra que du feu !

Je peux m'en fier à elle. Son dévouement s'exalte à la pensée que je vais sauter le pas... Ne la détrompons point. Ça lui fait tant de plaisir.

C'est pourtant vrai que Fanchette devient ridicule à voir ! Elle accepte sa corbeille "parisienne" à la condition que j'y adjoigne un morceau de ma vieille robe de chambre en velours de coton. Elle pétrit ce lambeau énergiquement, y fait ses ongles, le tient au chaud en boule sous elle, ou le lèche en songeant à sa future famille. Ses petites mamelles gonflent et deviennent douloureuses ; elle est possédée d'un besoin fou de câlineries, et de "ferloties", comme on dit à Montigny.

Mélie me rapporte, jubilante, un mot de Marcel, en remerciement du porte-cartes renvoyé !

" *Merci, chère, je n'étais pas inquiet* (pardi non !) *sachant le porte-cartes entre vos petites mains, que je baise affectueusement, discrète Claudine.* "

" Discrète Claudine. " Ça peut être aussi bien une ironie qu'une prière de me taire.

Papa travaille avec M. Maria; c'est-à-dire qu'il exténue le malheureux garçon à bouleverser de fond en comble tous ses bouquins. Il a d'abord cloué, lui-même, à grand renfort de jurons, douze rayons au mur de la bibliothèque, rayons destinés au format in-18 jésus. Une admirable besogne! Seulement, quand M. Maria, doux, dévoué et poussiéreux, a voulu placer les volumes, il a découvert que papa s'était trompé d'un centimètre dans la distance entre les rayons, et que les livres ne pouvaient pas tenir debout. De sorte qu'il a fallu déclouer toutes ces maudites planches, sauf une. Vous parlez si les " Tonnerre de Dieu ", et les " Père Éternel, descends! " ont marché. Moi, je me tordais devant ce désastre. Et M. Maria, divinement patient, a seulement dit : " Oh! ce n'est rien, nous espacerons un peu plus les onze rayons. "

Aujourd'hui, j'ai reçu un beau gros sac de chocolats à la crème, oui-da, avec une lettre de mon cousin l'Oncle : " Ma gentille petite amie, votre vieil oncle se fait aujourd'hui remplacer, vous ne vous en plaindrez pas, par ce sac P. P. C. Je voyage huit ou dix jours pour affaires. A mon retour, si vous voulez bien, nous explorerons d'autres endroits de plaisir mal aérés. Prenez bien soin de Marcel qui — sans rire — gagne à vous fréquenter. Je baise avunculairement vos menottes. "

Oui ? eh bien — sans rire — j'aimerais mieux un Oncle et pas de chocolats. Ou bien un oncle et des chocolats. D'ailleurs, ceux-ci sont inimitables. Luce se vendrait pour la moitié du sac. Attends, Fanchette, si tu veux que je te massacre, tu n'as qu'à continuer ! Cette horreur plonge dans le sac ouvert une patte en cuiller, trop adroite ; et pourtant elle n'aura que des moitiés de boules en chocolat, quand j'en aurai retiré la crème avec le gros bout d'une plume neuve.

Je n'ai pas revu Marcel de deux jours. Un peu honteuse de ma paresse à visiter tante Wilhelmine, je pars aujourd'hui sans entrain, quoique vêtue à mon gré. J'aime bien ma jupe tailleur qui colle, et ma chemisette en zéphyr bleu lavé qui m'orange la peau. Avant de me donner mon congé, papa énonce avec solennité :

— Dis bien à ma sœur que j'ai du travail par-dessus les yeux, et qu'il ne me reste pas une minute à moi afin qu'elle n'ait pas l'idée de venir me raser à domicile ! Et si on te manque de respect dans la rue, *malgré* ton jeune âge, fous-leur un bon coup de poing à travers la hure !

Munie de ces sages avis, je m'endors dans l'honnête et malodorant Panthéon-Courcelles pendant quarante minutes, pour ne me réveiller qu'au point terminus, place Pereire. Zut ! Je ne la rate pas souvent, cette bêtise-là ! Il me faut revenir à pied avenue de Wagram, où la femme de chambre malveillante considère avec blâme mes cheveux courts, et m'apprend que "Madame vient de sortir". Veine, veine! Je ne traîne pas, et je "débigouille" lestement l'escalier sans le secours de l'ascenseur.

Le parc Monceau, avec ses pelouses tendres voilées de jets d'arrosage en rideaux vaporeux, m'attire comme quelque chose de bon à manger. Il y a moins d'enfants qu'au Luxembourg. C'est mieux. Mais ces pelouses qu'on balaie comme des parquets! N'importe, les arbres m'enchantent, et l'humidité chauffée que je respire m'alanguit. Le climat de Paris est ignoblement chaud, tout de même. Ce bruit des feuilles, quelle douce chose!

Je m'assieds sur un banc, mais un vieux monsieur, la moustache et les cheveux vernis au pinceau, m'en déloge, par son insistance à s'asseoir sur le pan de ma jupe et à me frôler du coude. L'ayant traité de "vieille armelle", je m'éloigne d'un pas digne vers un autre banc. Un tout petit télégraphiste, — qu'est-ce qu'il fiche là? — occupé à driguer[1] en chassant du pied un caillou plat, s'arrête, me dévisage et crie: "Hou! que t'es vilaine! veux-tu bien aller te cacher dans mon pieu!" Ce n'est pas le désert, évidemment. Ah! que ne suis-je assise à l'ombre du bois des Fredonnes! Affalée contre un arbre, sur une chaise, je m'assoupis,

---

1. Sauter d'un pied sur l'autre.

bercée par les jets d'arrosage qui font tambour sur les feuilles larges des ricins.

La chaleur m'écrase, me rend gâteuse, complètement gâteuse. Gentille, cette dame qui trottine, mais les jambes trop courtes; d'ailleurs, à Paris, les trois quarts des femmes ont le derrière sur les talons. Mon Oncle est ridicule de s'en aller au moment où je l'aimais bien. Mon Oncle... il a des yeux jeunes malgré son commencement de patte d'oie, et une jolie façon de se pencher vers moi en me parlant. Sa moustache a le ton charmant que prennent les cheveux des blondes qui vieillissent. Il voyage pour affaires! Pour affaires ou pour autre chose. Mélie, qui a l'œil exercé, m'a répondu, quand je lui ai demandé son impression : "Ton oncle, ma guéline, c'est un bel homme. Un bon arcandier, pour sûr[1]."

Il doit " trôler " avec des femmes, cet homme du devoir. C'est du propre!

Cette petite femme qui passe... sa jupe tombe bien. Elle a une démarche... une démarche que je connais. Et cette joue ronde qu'un duvet fin cerne d'une ligne argentée dans la lumière, je la connais aussi... Ce petit nez esquissé, ces pommettes un peu hautes... Mon cœur saute. D'un bond, je suis sur elle, et je crie de toutes mes forces : "Luce!"

C'est invraisemblable, mais c'est bien elle! Sa pol-

---

1. Arcandier, travailleur à tout faire.

tronnerie me le prouve assez : à mon cri, elle a bravement sauté en arrière et a mis son coude sur ses yeux. Mon émotion cède en fou rire nerveux; je la saisis par les deux bras; son petit visage aux yeux étroits, tirés vers les tempes, rougit jusqu'aux oreilles, puis pâlit brusquement; elle soupire enfin :

— Quel bonheur que ce soit toi!

Je la tiens toujours par les bras, et je n'en finis pas de m'étonner. Comment l'ai-je même reconnue? Cette toute menue gobette — que j'ai toujours vue en tablier d'escot noir, chaussée de sabots pointus ou de solides souliers à lacets, sans autre chapeau que le capuchon rouge, la natte en semaine et le chignon le dimanche — cette Luce porte un complet tailleur mieux coupé que le mien, drap noir léger à piqûres blanches, une chemisette rose de Chine en soie souple, sous un boléro court, et une toque de crin drapé, soulevée d'une botte de roses, qu'elle n'a fichtre pas achetée aux " 4,80 ". Quelques fausses notes qu'on ne remarque pas tout de suite : un corset maladroit, trop raide et pas assez cambré; les cheveux manquent d'air, trop lissés, et les gants trop étroits. Elle gante du 5 1/2, et sans doute se serre dans du 5.

Mais comment expliquer de telles splendeurs? Y a pas, ma petite amie s'est sûrement jetée dans la lucrative inconduite. Qu'elle est fraîche et jeune, pourtant, sans poudre de riz ni rouge aux lèvres!

En face l'une de l'autre, à nous regarder sans rien nous dire, nous devons être impossibles. C'est Luce qui parle enfin :

— Oh! tu as les cheveux coupés!

— Oui, tu me trouves laide, pas?

— Non, dit-elle tendrement. Tu ne pourrais pas. Tu as grandi. Tu es gente. Mais tu ne m'aimes plus? Tu ne m'aimais pas guère déjà!

Elle a gardé son accent de Montigny, que j'écoute charmée, l'oreille tendue à sa voix un peu traînante et douce. Ses yeux verts ont changé dix fois de nuance depuis que je la regarde.

— Il s'agit bien de ça, petite "arnie"! Pourquoi es-tu ici, et pourquoi si belle, bon sang? Ton chapeau est délicieux, mets-le un peu plus en avant. Tu n'es pas seule? Ta sœur est ici?

— Non, qu'elle n'est pas ici! répond Luce, souriante avec malice. J'ai tout planté là. C'est long. Je voudrais t'expliquer. C'est une histoire comme dans un roman, tu sais!

Son accent décèle une fierté insondable; je n'y tiens plus.

— Mais raconte, mon petit "gouri[1]"! j'ai tout mon après-midi à moi.

— Chance! veux-tu venir chez moi, s'il te plaît, Claudine?

---

1. Gouri : le petit porcelet qui tette encore.

— Oui, mais à une condition : je n'y trouverai *personne?*

— Non, personne. Mais viens, viens vite, je demeure rue de Courcelles, à trois pas d'ici.

Les idées en salade, je l'accompagne en la regardant de côté. Elle ne sait pas bien relever sa jupe longue, et marche la tête un peu en avant, comme quelqu'un qui ne sent pas son chapeau très solide. Oh! qu'elle était plus touchante et plus personnelle en jupe de laine à la cheville, avec sa natte mi-défaite, et ses pieds fins toujours hors des sabots. Non qu'elle soit enlaidie! Je constate que sa fraîcheur et la nuance de ses prunelles équivoques produisent de l'effet sur les passants. Elle le sait, elle fait de l'œil, inconsciente et généreuse, à tous les chiens coiffés que nous croisons. Que c'est drôle, mon Dieu, que c'est drôle! Je piétine dans l'irréel.

— Tu regardes mon ombrelle, dit Luce. Aga la pomme en cristal. Elle a coûté cinquante francs, ma vieille!

— A qui?

— Attends que je te raconte. Il faut que je te prenne du commencement.

J'adore ces tournures locales. Contrastant avec le costume chic, l'accent de terroir vous prend un relief! Je comprends certaines gaietés brusques de mon " neveu " Marcel.

Nous franchissons le seuil d'une maison neuve,

écrasée de sculptures blanches et de balcons. Un vaste ascenseur nous enlève, tout en glaces, que Luce manie avec un respect craintif.

Chez qui va-t-elle me mener?

Elle sonne au dernier étage — elle n'a donc pas la clef? — et passe vite devant une femme de chambre raide, vêtue à l'anglaise, noire avec un ridicule petit tablier en mousseline blanche, grand comme un costume de nègre, vous savez, ce costume qui se compose d'un menu carré de sparterie, pendu au-dessus du ventre par une ficelle.

Luce ouvre vivement une des portes de l'antichambre; je la suis, dans un couloir blanc à tapis vert sombre; elle ouvre une autre porte, s'efface, la referme sur nous et se jette dans mes bras.

— Luce! veux-tu une tape? dis-je, recouvrant à grand-peine mon ancienne autorité, car elle me tient ferme et fourre son nez frais dans mon cou, sous l'oreille. Elle relève la tête, et sans desserrer ses bras avec une ineffable expression d'esclavage heureux :

— Oh! oui! bats-moi un peu!

Mais je n'ai plus de goût, ou pas encore, à la battre. On ne bourre pas de coups de poing un costume tailleur de quatre cents francs et ce serait dommage d'aplatir d'une calotte ce joli paquet de roses. Griffer ses petites mains, oui... mais elle a gardé ses gants.

— Claudine!... oh! tu ne m'aimes plus du tout!

— Je ne peux pas t'aimer comme ça sur commande.

Il faut que je sache à qui j'ai affaire, moi! Cette chemisette ne t'a pas poussé toute seule sur le dos, pas? Et cet appartement? "Où suis-je? Est-ce un prestige, est-ce un rêve enchanté?" comme chantait la grande Anaïs avec sa voix au verjus.

— C'est ma chambre, répond Luce d'une voix onctueuse. Et s'écartant un peu, elle me laisse à mon admiration.

Trop cossue, mais pas trop bête, sa chambre. Bien tapissier, par exemple! Du laqué blanc — hélas! — mais voici des sièges et des panneaux tendus d'un velours amande à dessin coquille, copie d'Utrecht, je pense, qui flatte l'œil et avive le teint. Le lit — ah! quel lit! je ne résiste pas à mesurer sa largeur, de mes deux bras étendus... Plus d'un mètre cinquante, Madame, plus d'un mètre cinquante, on vous dit, c'est un lit d'au moins trois places. De beaux rideaux de damas amande, aux deux fenêtres, et une armoire à glace à trois portes, et un petit lustre au plafond (il a l'air idiot, ce petit lustre) et une grande bergère pékinée blanc et jaune près de la cheminée, et quoi encore, mon Dieu!

— Luce! sont-ce les fruits du déshonneur? tu sais bien, "les fruits trompeurs qui laissent dans la bouche un goût de cendre" s'il faut en croire notre vieille *Morale en exemples*.

— Tu n'as pas vu le plus beau, continue Luce sans répondre. Regarde!

Elle ouvre une des portes à petites guirlandes sculptées :

— C'est le cabinet de toilette.

— Merci : j'aurais pu croire que c'était l'oratoire de mademoiselle Sergent.

Dallé de faïence, paroissé de faïence, le cabinet de toilette étincelle, telle Venise, de mille feux (et davantage). Heulla-t-y possible! Une baignoire pour jeune éléphant, et deux cuvettes profondes comme l'étang des Barres, deux cuvettes renversables. Sur la coiffeuse, de l'écaille blonde pour des sommes folles. Luce se rue sur un bizarre petit banc, soulève, comme un dessus de boîte, le capitonnage bouton d'or qui le couvre, et dit avec simplicité, m'exhibant la cuvette oblongue :

— Il est en argent massif.

— Pouah! Les bords doivent faire froid aux cuisses. Est-ce que tes armes sont gravées au fond? Mais raconte-moi tout, ou je fiche le camp.

— Et c'est éclairé à l'électricité. Moi, j'ai toujours peur que ça fasse des accidents, des étincelles, quelque chose qui tue (ma sœur nous a tellement rasées avec ça à Montigny, pendant les leçons de physique!). Alors, *quante* je suis toute seule le soir, j'allume une petite lampe à pétrole. As-tu vu mes chemises! J'en ai six en soie, et le reste Empire à rubans roses, et les pantalons pareils...

— Des pantalons Empire? Je crois qu'on n'en

faisait pas une consommation effrénée, dans ce temps-là...

— Si-da, à preuve que la lingère me l'a dit, qu'ils sont Empire! Et puis...

Sa figure pétille. Elle voltige d'une armoire à l'autre et s'empêtre dans sa jupe longue. Tout d'un coup elle relève à pleines mains ses jupons qui crissent, et me chuchote, extasiée :

— Claudine, j'ai des bas de soie!!!

Elle a, en effet, des bas de soie. Ils sont en soie, je puis le constater, jusqu'aux cuisses. Ses jambes, je les reconnais bien, les petites merveilles.

— Touche, comme c'est doux!

— Je m'en rapporte, je m'en rapporte. Mais je te jure que je m'en vais si tu continues à divaguer sans rien dire!

— Alors on va s'installer. Ici dans le fauteuil, "aploune-toi". "Acoute" que je baisse le store, faute au soleil.

Impayables, ses coins de patois. Dans sa chemisette rose et sa jupe impeccable, ça fait opéra-comique.

— Si on boivait? J'ai toujours deux bouteilles de vin kola dans mon cabinet de toilette. *Il* dit que ça m'empêchera de tomber anémique.

— *Il!* Il y a un *Il!* Veine, on va tout savoir! Le portrait du séducteur, tout de suite, amene-le.

Luce sort et revient un cadre à la main.

— Tiens, le voilà, dit-elle sans entrain.

Hideux, ce portrait-carte représentant un gros homme de soixante ans à peu près, peut-être plus, quasi chauve, l'air abruti, avec des bajoues de chien danois et de gros yeux de veau! Terrifiée, je regarde ma petite amie, qui considère silencieusement le tapis et remue le bout de son pied.

— Ma vieille, tu vas tout raconter. C'est plus intéressant encore que je ne pensais.

Assise à mes pieds sur un coussin, dans l'ombre dorée des stores baissés, elle croise ses mains sur mes genoux... Sa coiffure changée me gêne beaucoup; et puis elle ne devrait pas s'onduler... A mon tour, j'ôte mon canotier et je m'ébroue pour donner de l'air à mes boucles. Luce me sourit :

— Tu es tout-un-tel qu'un gars, Claudine, avec tes cheveux coupés, un joli gars, par exemple. Pourtant non, quand on te regarde, t'as bien une figure de fille, va, de jolie fille!

— Assez! Raconte; depuis le petit bout jusqu'à aujourd'hui. Et "applette" un peu, que papa ne me croie pas perdue, écrasée...

— Oui. Donc, quand tu t'es décidée à m'écrire, après ta maladie, *elles* me faisaient déjà toutes les mauvaisetés possibles. Et si, et ça, et j'étais une oie, et j'étais la caricature de ma sœur, et tout le temps elles m'appelaient par-des-noms.

— Elles sont toujours bien ensemble, ta sœur et la Directrice?

— Pardi, encore plus pires. Ma sœur ne balaie même plus sa chambre. Mademoiselle a pris une petite bonne. Et, pour un oui pour un non, Aimée prétend qu'elle est malade, ne descend pas, et c'est Mademoiselle qui la remplace pour presque toutes les leçons orales. Mieux que ça : un soir, j'ai entendu Mademoiselle, dans le jardin, faire une scène terrible à Aimée à cause d'un nouveau sous-maître. Elle ne se connaissait plus : " Tu en feras tant que je te tuerai ", qu'elle disait à Aimée. Et ma sœur se tordait et répondait, en la regardant de côté : " Tu n'oserais pas, tu aurais trop de chagrin après. " Alors Mademoiselle se mettait à " chougner " et la suppliait de ne plus la tourmenter, et Aimée se jetait à son cou et elles remontaient ensemble. Mais c'est pas tout ça, j'y étais habituée. Seulement, ma sœur, je te dis, me traitait comme un chien, et Mademoiselle aussi. Quand j'ai commencé à demander des bas, des chaussures, ma sœur m'a envoyée faire fiche : " Si les pieds de tes bas sont troués, raccommode-les, qu'elle m'a dit; et puis les jambes sont encore bonnes, tant qu'on ne voit pas les trous c'est comme si ils n'y étaient pas. " Pour les robes, la même chose; elle a eu le toupet, cette saloperie, de me repasser un vieux corsage qui n'avait plus de dessous de bras. Je pleurais toute la journée d'être si mal arrangée dans mes effets, j'aurais mieux aimé qu'on me batte! Une fois j'ai écrit chez nous. Y a jamais le sou, tu sais bien. Maman m'a répondu : " Arrange-toi avec ta sœur, tu nous coûtes assez d'argent, notre cochon est crevé de maladie et j'ai eu quinze francs de pharmacie, le mois dernier, pour ta petite sœur Julie; tu sais qu'à la maison c'est misère et compagnie, et si tu as faim, mange ton poing. "

— Continue.

— Un jour que j'avais essayé de faire peur à ma sœur, à la fin elle m'a ri au nez et elle m'a crié : " Si tu ne te trouves pas bien ici, retourne donc chez nous, ça sera un bon débarras, tu garderas les oies. " Ce jour-là, j'ai pas pu dîner, ni dormir. Le lendemain matin, après la classe, en remontant au réfectoire, j'ai trouvé la porte de la chambre d'Aimée entrouverte, et son porte-monnaie sur la cheminée près de la pendule (car elle a une pendule, ma chère, oh! la sale bête!). J'en ai eu comme un sang glacé. J'ai sauté sur le porte-monnaie, mais elle m'aurait bien fouillée, je ne savais pas où le musser. J'avais encore mon chapeau sur la tête, j'ai mis ma jaquette, je suis descendue aux cabinets, j'ai jeté mon tablier dedans, je suis ressortie sans rencontrer personne (tout le monde était déjà au réfectoire) et j'ai couru prendre, à pied, le train de 11 heure 39 pour Paris. Il allait partir. J'étais moitié morte de courir.

Luce s'arrête pour souffler et jouir de son effet. J'avoue que je suis abrutie. Jamais je ne l'aurais crue capable d'un tel coup de tête, cette mauviette.

— Après? Vite, mon petit, après? Combien contenait-il, le porte-monnaie?

— Vingt-trois francs. Rendue à Paris, il me restait donc neuf francs, j'ai pris des troisièmes, tu penses. Mais, attends; tout le monde me connaît, à la gare, et le père Racalin m'a demandé : "Où que vous courez comme ça, ma petite compagnie?" Je lui dis : "Maman est malade, on nous a télégraphié, je m'en vais vite à Sementran, ma sœur ne peut pas quitter. — C'est bien tourmentant", qu'il a répondu.

— Mais, arrivée à Paris, qu'est-ce que tu as fait?

— Je suis sortie de la gare, j'ai marché. J'ai demandé où était la Madeleine.

— Pourquoi?

— Tu vas voir. Parce que mon oncle — c'est lui, sur le portrait — demeure rue Tronchet, près de la Madeleine.

— Le frère de ta mère?

— Non, son beau-frère. Il a épousé une femme riche, qui est morte; il a refait encore "mas" de sous, et, comme de juste, il n'a plus voulu entendre parler de nous qui étions des crève-la-faim. C'est naturel. Je savais son adresse parce que maman, qui guigne l'argent, nous forçait à lui écrire, tous les cinq, au jour de l'an, sur du papier à fleurs. Jamais il ne répondait. Alors j'ai seulement été chez lui pour savoir où coucher.

— "Où coucher!" Luce, je te vénère... tu es

cent fois plus maligne que ta sœur, et que moi aussi.
— Oh! maligne?... ce n'est pas le mot. Je tombe
là-dedans. Je mourais de faim. J'avais le vieux petit
corsage d'Aimée et mon chapeau d'uniforme. Et je
trouve un appartement *encore* plus beau qu'ici, et un
domestique homme qui me dit tout sec : "Qu'est-ce
que vous demandez?" J'avais honte, j'avais envie
de pleurer. Je réponds : " Je voudrais voir mon
oncle." Sais-tu ce qu'il me dit, cet "arnie-là"?
" Monsieur m'a donné l'ordre de ne recevoir personne
de sa famille! " Si c'est pas à tuer! Je me tourne
pour m'en aller, mais je me trouve nez à nez avec
un gros monsieur qui rentre. Il en est resté de là!
" Comment vous appelez-vous? — Luce. — C'est
votre mère qui vous envoie? — Oh! non, c'est moi
toute seule. Ma sœur me rendait si malheureuse que
je me suis sauvée de l'École. — De l'École? Quel
âge as-tu donc? qu'il me dit en me prenant par le
bras et en m'emmenant dans la salle à manger. —
Dix-sept ans dans quatre mois. — Dix-sept? Vous
ne les paraissez pas, loin de là. Quelle drôle d'histoire!
Asseyez-vous, mon enfant, et contez-moi ça." Moi,
n'est-ce pas, je lui sors tout, les misères, et Mademoiselle, et Aimée, et les bas troués, et tout, enfin. Il
écoutait, il me regardait avec de gros yeux bleus, et
il rapprochait sa chaise. Vers la fin, j'étais si fatiguée,
je me mets à pleurer! Voilà un homme qui me prend
sur ses genoux, qui m'embrasse, qui me flatte : "Pauvre

mignon! C'est pitoyable, chagriner une si gentille petite fille. Ta sœur tient de sa mère, vois-tu, c'est une peste. A-t-elle de beaux cheveux! Avec sa natte, on lui donnerait quatorze ans. " Et petit à petit voilà qu'il me tripote les épaules, me serre la taille et les hanches, et m'embrasse toujours en soufflant comme un phoque. Ça me dégoûtait un peu, mais je ne voulais pas le mécontenter, tu comprends

— Je comprends très bien. La suite?

— La suite... je ne pourrai pas te la raconter toute.

— Fais la sainte-nitouche! Tu n'étais pas si bégueule à l'École!

— C'est pas la même chose... *Avant*, il m'a fait dîner avec lui, je mourais de faim. Des bonnes choses, Claudine! Des " ferloties " partout et du champagne. Je ne savais plus ce que je disais après le dîner. Lui, il était rouge comme un coq, mais ne perdait pas la carte. Il m'a proposé carrément : " Ma petite Luce, je m'engage à te loger huit jours, à prévenir ta mère — et de façon qu'elle ne jappe pas — et plus tard à te préparer un joli petit avenir. Mais, à une condition : tu feras ce que je voudrai. Tu m'as l'air de ne pas cracher sur les bonnes choses et d'aimer tes aises; moi aussi. Si tu es toute neuve, tant mieux pour toi, parce qu'alors je serai gentil avec toi. Si tu as déjà traîné avec des garçons, y a rien de fait! J'ai mes idées et j'y tiens. "

— Et puis?

— Et puis il m'a emmenée dans sa chambre, une belle chambre rouge.

— Et puis ? dis-je avidement.

— Et puis... je ne sais plus, na !

— Veux-tu une tape pour te faire parler ?

— Eh bien, dit Luce en secouant la tête, ce n'est pas si drôle, va...

— Ah ? Est-ce que ça fait vraiment très mal ?

— Pour sûr ! J'ai " huché " de toutes mes forces, et puis sa figure tout contre la mienne me faisait chaud, et puis ses jambes poilues me grattaient... Il soufflait, il soufflait ! Comme je " huchais " trop, il m'a dit d'une voix étranglée : " Si tu ne cries pas, je te colle une montre en or demain. " J'ai essayé de ne plus rien dire. Après, j'étais si énervée, je pleurais tout haut. Lui, il m'embrassait les mains et répétait : " Jure-moi que personne d'autre ne t'aura ; j'ai trop de chance, j'ai trop de chance ! " Mais je n'étais pas bien contente !

— Tu es difficile.

— Et puis, malgré moi, je songeais pendant ce temps-là au viol d'Ossaire, tu t'*en* rappelles, ce libraire d'Ossaire, Petitrot, qui avait violé une de ses employées. Nous lisions dans ce temps-là le *Moniteur du Fresnois* en cachette et nous retenions des phrases par cœur. Ces souvenirs-là, tout de même, ça reparaît mal à propos.

— Pas de littérature, conte la suite.

— La suite? Dame... Le lendemain matin, de voir ce gros homme dans mon lit, je n'en revenais pas. Il est si laid quand il dort! Mais il n'a pas été bien méchant jamais, et même, quelquefois, on a de bons moments...

Les paupières de Luce, baissées, cachent des yeux hypocrites et renseignés. J'ai envie de la questionner, et en même temps ça me gêne. Étonnée de mon silence, elle me regarde.

— Ensuite, Luce, va donc!

— Ah! oui... Ma famille m'a d'abord fait rechercher. Mais mon oncle a écrit tout de suite là-bas : " Mon petit mignon, j'ai simplement prévenu ta mère qu'elle nous flanque la paix, si elle tient à voir la couleur de mon argent après ma mort. Pour toi, fais ce que tu voudras. T'as vingt-cinq louis par mois, la pâtée et la couturière, envoie-leur de la braise, ne leur en envoie pas, je m'en fiche! Moi, pas un rotin! "

— Alors... tu as envoyé de l'argent chez toi?

La figure de Luce devient diabolique.

— Moi? Tu ne me connais pas! Ah! la, la, ils m'en ont trop fait! Crever, tu entends, crever, je les verrais tous crever que je n'en boirais pas une goutte de moins! Ah! ils ne se sont pas privés de m'en demander de l'argent, et gentiment, avec des bonnes manières. Sais-tu ce que je leur ai répondu? J'ai pris une feuille de papier blanc, une grande, et j'ai écrit dessus : M...e! parfaitement!

Elle a dit le mot, un mot de cinq lettres.

Debout, elle danse, son joli visage rose tout illuminé de férocité. Je n'en reviens pas...

C'est ça, cette fillette craintive que j'ai connue à l'École, cette pauvre sœur battue par la favorite Aimée, la petite Luce câline qui voulait toujours m'embrasser dans le bûcher? Si je m'en allais? Cette gamine et son oncle, c'est trop moderne pour moi. C'est qu'elle les laisserait crever, comme elle dit!

— Vrai, Luce, tu les laisserais...

— Oh! oui, ma Claudine! Et puis, ajouta-t-elle, en riant d'un air pointu, si tu savais, je travaille mon oncle pour qu'il fasse un testament contre eux! C'est à se tordre.

Évidemment, c'est à se tordre.

— Alors, tu es tout à fait contente?

Elle interrompt sa valse et fait la moue :

— Tout à fait, tout à fait?... Il y a des épines. Avec mon oncle, il faut encore que je file doux! Il a une façon de me dire : " Si tu ne veux pas, c'est fini nous deux! " qui me force à marcher.

— Si tu ne veux pas quoi?

— Rien, un tas de choses, répond-elle, avec un geste déblayeur. Mais aussi il me donne de l'argent que je cache sous une pile de chemises et surtout, oh! surtout, des bonbons, des pâtisseries, des petits oiseaux à manger. Et, mieux que ça, du champagne à dîner.

— Tous les jours? Tu te couperoseras, ma chère!

— Tu crois? Regarde-moi donc...

C'est vrai qu'il n'y a pas de fleur plus fraîche. La peau de Luce est une étoffe grand teint : ça ne tache ni à l'eau, ni à la boue.

— Dis-moi, chère Madame et amie. Tu reçois? Tu donnes à dîner?

Elle se rembrunit.

— Pas mèche, avec ce vieux jaloux! Il veut que je ne voie personne. Mais (elle baisse la voix et parle avec un sourire révélateur), mais on peut s'arranger quand même... J'ai revu mon petit ami, Caïn Brunat, tu sais, celui que tu appelais mon " flirt ". Il est aux Beaux-Arts, il doit devenir un grand artiste et il fera mon portrait. Si tu savais,... dit-elle avec sa volubilité d'oiseau, il est vieux, mon oncle, mais il a des idées impossibles. Des fois il me fait mettre à quatre pattes, et courir comme ça dans la chambre. L'air d'un bouloustre[1] avec son gros ventre, il court après moi, aussi à quatre pattes, et se jette sur moi en criant : " Je suis le fauve!... sauve-toi! Je suis le taureau! "

— Quel âge a-t-il?

— Cinquante-neuf ans, qu'il dit, un peu plus, je crois.

J'ai mal à la tête, j'ai des courbatures. Cette Luce est trop sale. Il faut la voir raconter ces horreurs! Perchée sur un pied, ses frêles mains étendues, sa

---

1. Caricature grotesque.

taille menue dans un ruban rose à boucle, et ses cheveux doux tirés sur ses tempes transparentes, la jolie petite pensionnaire!

— Luce, pendant que tu es déchaînée, donne-moi des nouvelles de Montigny, je t'en prie! personne ne me parle plus de là-bas. La grande Anaïs?

— Normale; rien de particulier. Elle "est" avec une troisième année.

— Une troisième année pas dégoûtée, vrai! Marie Belhomme et ses mains de sage-femme? Tu te souviens, Luce, quand elle nous avouait, l'été, qu'elle ne portait pas de pantalon, pour sentir ses cuisses "faire doux en marchant"?

— Oui, je m'*en* rappelle. Elle est demoiselle de magasin. Pas de chance, la pauvre fille!

— Tout le monde ne peut pas avoir ta chance, petite prostituée!

— Je ne veux pas qu'on m'appelle comme ça, proteste Luce, choquée.

— Eh bien alors, vierge timide, parlez-moi de Dutertre.

— Oh! ce pauv' docteur, il me faisait beaucoup d'agaceries, les derniers temps...

— Eh bien? Pourquoi pas?

— Parce que ma sœur et Mademoiselle l'ont "resoupé" de la belle façon, et que ma sœur m'a dit : "Si ça t'arrive, je t'ôte les deux yeux!" Il a des embêtements avec sa politique.

— Tant mieux. Lesquels?

— " Acoute " une histoire. A une séance du conseil municipal, Dutertre s'est fait attraper rapport à la gare du Moustier. Voulait-il pas la faire mettre à deux kilomètres du village, parce que ça aurait été plus commode à M. Corne — tu sais, le propriétaire de ce beau château au bord d'une route — qui lui a donné gros comme ça d'argent!

— Ce toupet!

— Donc, au conseil, Dutertre a essayé d'enlever ça comme une chose toute raisonnable, et les autres ne " mouffaient " guère, quand le docteur Fruitier, un grand vieux, sec, un peu maboule, s'est levé et a traité Dutertre comme le dernier des derniers. Dutertre y a répondu tout fort, trop fort, et Fruitier y a collé sa main sur la figure, en plein conseil!

— Ah! ah! je le vois d'ici, le vieux Fruitier; sa petite main blanche, toute en os, a dû sonner...

— Oui, et Dutertre, hors d'état, se frottait la joue, gesticulait, criait : " Je vous enverrai mes témoins! " Mais l'autre a répondu tranquillement : " On ne se bat pas avec un Dutertre; ne me forcez pas à imprimer pourquoi dans les journaux de la région... " Ça en a été un " raffut " dans le pays, je t'assure!

— Je m'en doute. Mademoiselle a dû en faire une maladie?

— Elle en serait morte de rage, si ma sœur ne

l'avait pas consolée; mais elle en a dit! Comme elle n'était pas de Montigny, elle n'arrêtait pas : " Sale pays de voleurs et de brigands! " Et ci, et ça...

— Et Dutertre, on le montre au doigt?

— Lui! Deux jours après on n'y pensait plus; il n'a pas perdu ça de son influence. La preuve, c'est qu'à une des dernières séances du conseil, on est venu à parler de l'École, et à dire qu'elle était drôlement tenue. Tu comprends, les histoires de Mademoiselle avec Aimée se savent maintenant dans tout le pays; sans doute, il y a des grandes gobettes qui en auront causé..., si bien qu'un conseiller a demandé le déplacement de mademoiselle Sergent. Là-dessus, mon Dutertre se lève, et déclare : " Si on prend à partie la Directrice, j'en fais une affaire personnelle." Il n'a rien ajouté de plus, mais on a compris, et on s'est mis à parler d'autre chose parce que, tu comprends, presque tous lui ont des obligations...

— Oui, et puis il les tient par les cochonneries qu'il sait sur leur compte.

— N'empêche que ses ennemis se sont jetés là-dessus, et que le curé en a parlé dans son sermon le dimanche suivant.

— Le vieil abbé Millet? En pleine chaire? Mais Montigny doit être à feu et à sang!

— Oui, oui. " Honte " qu'il criait, le curé. " Honte sur les scandaleuses leçons de choses prodiguées à la jeunesse dans vos écoles sans Dieu! " Tout le monde comprenait qu'il parlait de ma sœur avec la Directrice ; on se faisait un bon sang, vrai!

— Encore, Luce, raconte encore... Tu m'épanouis.

— Ma foi, je ne sais plus rien. Liline est accouchée de deux jumelles, le mois dernier. On a fait une grande réception avec vin d'honneur au fils Hémier qui revenait du Tonkin, où il a gagné une belle position. Adèle Tricotot en est à son quatrième mari. Gabrielle Sandré, qui a toujours l'air si petite fille avec ses dents de bébé, se marie à Paris. Léonie Mercant est sous-maîtresse à Paris (tu sais bien, cette grande timide qu'on s'amusait à faire rougir parce qu'elle a la peau si fine). Toutes, je te dis, toutes viennent à Paris ; c'est une manie, c'est une rage.

— Une rage qui ne me gagne guère, dis-je, avec un soupir ; je me languis de là-bas, moi... Moins qu'en arrivant, pourtant, parce que je commence à m'attacher à...

Je me mords les lèvres, inquiète d'avoir trop parlé. Mais Luce n'est pas perspicace, et poursuit, grand train :

— Ben vrai, si tu te languis, c'est pas comme à moi. Des fois, je rêve, dans ce grand lit-là, que je suis encore à Montigny, et que ma sœur m' "arale" avec ses fractions décimales, et le système orographique de l'Espagne, et les pédoncules quadrijumeaux ; je me réveille en sueur, et j'ai toujours une grande joie en me voyant ici...

— Près de ton bon oncle, qui ronfle.

— Oui, il ronfle. Comment le sais-tu?

— O Luce, que tu sais être désarmante! Mais l'École, raconte encore l'École. Te souviens-tu des farces qu'on faisait à la pauvre Marie Belhomme, et de la méchante Anaïs?

— Anaïs, elle est à Normale, je te l'ai déjà dit. Mais c'est le diable dans un bénitier. Avec sa " troisième année " qui s'appelle Charretier, c'est quasiment ma sœur avec Mademoiselle. Tu sais bien à Normale, les dortoirs sont composés de deux rangées de cabines ouvertes, séparées par une allée pour la surveillance. La nuit, on tire un rideau en andrinople devant ces boîtes-là. Eh bien, Anaïs trouve moyen d'aller retrouver Charretier presque toutes les nuits, et elle ne s'est pas encore fait pincer. Mais ça finira mal. Je l'espère du moins.

— Comment sais-tu ça?

— Par une pensionnaire de chez nous, de Sementran, qui est entrée en même temps qu'Anaïs. Elle a une mine, cette Anaïs, il paraît, un squelette! Elle ne peut pas trouver de cols d'uniforme assez étroits. Penses-tu, ma Claudine, on se lève à cinq heures là-bas! Moi, je me prélasse dans mon dodo jusqu'à dix-onze heures, et j'y prends mon petit chocolat. Tu comprends, ajoute-t-elle avec une mine raisonnable de petite bourgeoise sensée, ça aide à passer sur bien des choses.

Moi, je divague du côté de Montigny, en mon for intérieur. Luce s'est accroupie à mes pieds, comme une petite poule.

— Luce, qu'est-ce qu'on a en style pour la prochaine fois ?

— Pour la prochaine fois, dit Luce en éclatant de rire, on a : *Écrivez une lettre à une jeune fille de votre âge pour l'encourager dans sa vocation d'institutrice.*

— Non, Luce, c'est pas ça, on a : *Regarder en dessous de soi et non au-dessus, c'est le moyen d'être heureux.*

— Non-da ! C'est : *Que pensez-vous de l'ingratitude ? Appuyez votre commentaire d'une anecdote que vous imaginerez.*

— Ta carte est-elle faite ?

— Non, ma vieille, j'ai pas eu le temps de la " repasser ". Je vais me faire resouper, pense donc : mes montagnes pas hachées et ma côte de l'Adriatique pas finie.

Je fredonne : " Descendons vers l'Adriatique... "

— " Et portons à bord nos filets ", chante Luce de sa petite voix agile.

Toutes deux alors, à la tierce : " Descendons et portons à bord tous nos filets ! "

Et nous entonnons :

> Vite, en mer ! Pêcheurs, la marée
> Ecume autour des noirs îlots :
> La barque, au rivage amarrée,
> Frémit sous les baisers des flots.

> Allons, filles du bourg rustique,
> Courons toutes sur les galets,
> Descendons vers l'Adriatique
> Et portons à bord nos filets.
> Descendons et portons à bord tous nos filets.

— Tu te rappelles, Luce, c'est là que Marie Belhomme descendait toujours de deux tons, sans qu'on sache pourquoi. Elle en tremblait dix mesures avant, mais ça ne ratait jamais. Au refrain !

> La nuit calme et fraîche
> Promet bonne pêche ;
> Sur les flots calmés,
> Beaux pêcheurs, ramez !

— Et maintenant, Luce, le grand arrivage de la marée !

> Voici les dorades,
> Reines de nos rades,
> Les seiches nageant
> Sur l'algue d'argent,
> Et puis les girelles
> Fluettes et frêles,
> Aux corsages bleus.
> Quelle pêche heureuse !
> La mer généreuse   ⎱ bis
> A comblé nos vœux ! ⎰

Entraînées et battant la mesure, nous menons jusqu'au bout cette romance ébouriffante, et nous éclatons de rire, comme deux gosses que nous sommes encore. Pourtant, je ressens un peu de mélancolie, à ces vieux souvenirs; mais Luce, débridée, saute sur un pied, pousse des cris de joie, se mire dans " son " armoire à trois portes...

— Luce, tu ne regrettes pas l'École?

— L'École? Quand j'y repense, à table, je redemande du champagne, et je mange des petits fours glacés à m'en rendre malade, pour rattraper le temps perdu et me récompenser. Va, je n'ai pas assez quitté l'École!

Je suis son geste désenchanté vers le paravent à deux feuilles, laque et soie, qui masque à demi une petite table-pupitre, banc à dossier, une table comme celle de Montigny, tachée d'encre, où traînent des grammaires, des arithmétiques. J'y cours, et j'ouvre des cahiers remplis de l'écriture sage et puérile de Luce.

— Tes anciens cahiers, Luce? Pourquoi?

— Non, pas mes anciens cahiers, malheureusement, mes nouveaux! Et tu pourras trouver mon grand tablier noir dans la penderie du cabinet de toilette.

— Quelle idée?

— Oh! dame, c'est une idée à mon oncle, la pire de toutes! Tu n'imagines pas, ma Claudine, gémit Luce en levant deux bras dolents, il m'oblige souvent à refaire ma natte, à endosser un grand sarrau, à m'asseoir à ce pupitre... et puis il me dicte un problème, un canevas de narration....

— Non!

— Si. Et pas pour de rire : je dois calculer, rédiger, la scie des scies! La première fois, comme je refusais, il s'est fâché, tout à fait. " Tu mérites d'être fouettée, tu vas être fouettée ", qu'il me répétait, les yeux brillants, la voix drôle; ma foi, j'ai eu peur; je me suis mise au travail.

— Alors, ça l'intéresse, cet homme, tes progrès scolaires?

— Ça l'amuse, ça... le met en train. Il me fait penser à Dutertre qui lisait nos compositions françaises en nous fourrant les doigts dans le cou. Mais Dutertre était plus beau garçon que mon oncle, ça oui, soupire la pauvre Luce, écolière à perpétuité.

Je n'en reviens pas! Cette pseudo-petite fille en tablier noir, ce vieux magister qui l'interroge sur les fractions décimales...

— Crois-tu pas, ma Claudine, continue Luce en s'assombrissant davantage, qu'hier il m'a attrapée, *cel'-là*, tout un tel comme ma sœur à Montigny, parce que je me trompais sur des dates de l'Histoire d'Angleterre. Je me suis révoltée, je lui ai crié : " L'Histoire d'Angleterre, c'est du brevet supérieur, j'en ai assez! " Mon oncle n'a pas sourcillé, il a seulement dit, en fermant son livre : " Si l'élève Luce veut son bijou, elle devra me réciter sans faute la *Conspiration des Poudres*. "

— Et tu l'as récitée sans faute?

— Pardi; voilà la *blouque*[1]. Elle valait bien ça; "aga" les topazes, et les yeux du serpent sont en petits diamants.

— Mais dis donc, Luce, c'est très moral, en somme. Tu pourras te présenter au "supérieur" à la prochaine session.

— Bouge pas, rage-t-elle, en menaçant de son petit poing. Ma famille paiera tout. Et puis, je me revenge après, je mets mon oncle à la diète. Le mois dernier, j'ai été indisponible quinze jours. Aïe donc!

— Il devait faire une tête!

— Une tête! Tu en as, des mots! piaille Luce ravie, renversée dans son fauteuil, et montrant toutes ses petites dents, blanches et courtes.

A l'École, elle riait tout à fait de même, pour une grosse inconvenance d'Anaïs ou une méchanceté. Mais moi, je me sens choquée. Ce gros homme qu'elle plaisante est trop près de nous, dans tout ce luxe cocotte. Tiens, elle n'avait pas ce pli charmant à la naissance du cou.

— Luce, tu engraisses!

— Tu crois? Je crois aussi. Je n'étais déjà pas bien noire de peau à Montigny, dit-elle rapprochée et coquette, à présent je suis encore plus blanche. Si seulement j'avais des vrais nichons! Mais mon oncle m'aime mieux plate. Ils sont tout de même un peu

---

1. Prononciation fresnoise de "boucle".

plus ronds qu'à nos concours dans les chemins creux, tu sais, Claudine?... Veux-tu voir?

Tout près de moi, animée, caressante, elle défait d'une main preste sa chemisette rose. La naissance de la gorge est si fine et si nacrée qu'elle bleuit dans ce rose de Chine. Des rubans roses courent dans la dentelle de la chemise (Empire, ne l'oublions pas!). Et ses yeux, des yeux verts cillés de noir, s'alanguissent singulièrement.

— O Claudine!
— Quoi?
— Rien... Je suis contente de t'avoir retrouvée! Tu es encore plus jolie que là-bas, quoique tu sois encore plus rude pour ta Luce.

Ses bras câlins entourent mon cou. Dieu, que j'ai mal à la tête!

— De quel parfum te sers-tu donc?
— Du Chypre. Pas, je sens bon? Oh! embrasse-moi, tu ne m'as embrassée qu'une fois... Tu me demandais si je ne regrette rien de l'École? Si, Claudine, je regrette le petit hangar où nous cassions du bois à sept heures et demie du matin, et où je t'embrassais, et où tu me battais! M'as-tu assez "taraudée", méchante! Mais, dis, tu dois quand même me trouver plus jolie? Je me baigne tous les matins, je me lave autant que ta Fanchette. Reste encore! Reste! Je ferai tout ce que tu voudras. Et puis, do'-moi ton oreille...! je sais tant de choses, à présent...

— Ah, non!

La frôleuse parle encore, que je l'ai poussée par les épaules, si brutalement qu'elle s'en va trébucher contre la belle armoire à trois portes et s'y cogne la tête. Elle se frotte le crâne et me regarde, pour savoir s'il faut pleurer. Alors, je me rapproche et je lui allonge une calotte. Elle devient toute rouge et fond en larmes.

— Heullà-t-y possible! Qu'est-ce que je t'ai fait?

— Dis donc, est-ce que tu crois que je m'arrange des restes d'un vieux!

Je coiffe mon canotier d'une main nerveuse (je me pique très fort la tête avec mon épingle); je jette ma jaquette sur mon bras et je cherche la porte. Avant que Luce sache ce qui lui arrive, je suis déjà dans l'antichambre, où je tâtonne pour trouver la sortie. Luce, éperdue, se jette sur moi.

— Tu es folle, Claudine!

— Pas du tout, ma chère. Je suis trop vieux jeu pour toi, voilà tout. Ça ne marcherait pas, nous deux. Mille choses à ton oncle.

Et je descends vite, vite, pour ne pas voir Luce en larmes, sa chemisette ouverte sur sa gorge blanche, pleurant tout haut et me criant, penchée sur la rampe, de revenir.

— Erviens, ma Claudinde! erviens!

Je me trouve dans la rue avec une lourde migraine et l'ahurissement que vous laissent les rêves particulièrement idiots. Il est près de six heures; l'air toujours poussiéreux de ce sale Paris me semble, ce soir, léger et doux. Qu'est-ce que c'est que cette histoire? Je voudrais qu'on me réveillât en me tirant par la manche, et qu'une Luce en sabots pointus, ses cheveux indociles en mèches hors du capulet rouge, me pût dire en riant comme une gamine :

" Que t'es bête, ma Claudine, de rêver des choses pareilles ! " Mais voilà, je ne me réveille pas. Et c'est l'autre Luce que je vois toujours éplorée, en désordre, et m'appelant dans son patois trempé de larmes, plus jolie et moins touchante que la Luce écolière.

Mais, avec tout ça, qu'est-ce qui m'a pris, quand cette petite m'a suppliée, ses bras fins noués à mon cou? Je suis donc devenue, en peu de mois, bien bégueule? disons le mot, bien vertueuse? Ce n'est pas la première fois que cette Luce incorrigible cherche à me tenter, ni la première fois que je la bats. Mais tout un flot a remué dans moi. De la jalousie, peut-être... Une sourde indignation à penser que cette Luce qui m'adorait, qui m'adore à sa manière, est allée gaiement se jeter dans les jambes d'un vieux monsieur (non, ces yeux de veau mal cuit !)... Et du dégoût. Du dégoût, certes! Je suis là à faire la maligne dans la vie, et à crier sur les toits : " Ah! ah! on ne m'apprend rien, à moi! ah! ah! je lis tout, moi! et je comprends tout, moi, quoique je n'aie que dix-sept ans! " Parfaitement. Et pour un monsieur qui me pince le der-

rière dans la rue, pour une petite amie qui vit ce que
j'ai coutume de lire, je me bouleverse, je distribue
des coups de parapluie, ou bien je fuis le vice avec
un beau geste. Au fond, Claudine, tu n'es qu'une vulgaire honnête fille. Ce que Marcel se ficherait de moi
s'il savait ça!

Voici poindre Panthéon-Courcelles, pacifique et zig-
zagant. Hop! sautons, en dédaignant de faire arrêter.
Un saut réussi sur une plate-forme d'omnibus au
grand trot, ça console de bien des choses. Pourvu
que papa ne s'avise pas de faire, aujourd'hui préci-
sément, une station dans la vie réelle! Il pourrait
trouver mon absence un peu longue, et ça m'ennuie
de lui mentir, de lui raconter que j'ai passé l'après-
midi avec tante Cœur.

Rien à craindre : papa plane, comme d'habitude.
Quand j'entre, entouré de manuscrits, il me lance,
tapi dans sa barbe, un premier coup d'œil sauvage.
M. Maria, qui ne fait pas beaucoup de bruit, écrit
à une petite table, et, en m'apercevant, tire sa montre
d'un geste furtif. C'est lui qui s'inquiète de mon
absence!

— Ah! ah! s'écrie papa de sa plus belle voix. Tu
t'en paies, du devoir de famille! Il y a au moins une
heure que tu es partie!

M. Maria jette sur papa un regard navré. Il sait,
lui, que je suis sortie à deux heures et qu'il est six
heures trente-cinq.

— Monsieur Maria, vous avez des yeux de lièvre. Ne prenez pas ça en mauvaise part, au moins! Les lièvres ont de fort beaux yeux, noirs et humides. Papa, je n'ai pas vu tante Cœur parce qu'elle était sortie. Mais j'ai vu mieux que ça, j'ai retrouvé ici une petite amie de Montigny, Luce, tu sais bien, Luce? Elle habite rue de Courcelles.

— Luce, j'y suis! C'est elle qui va se marier, ta sœur de communion.

— A peu près. Nous avons bavardé longtemps, tu penses.

— Et tu vas la revoir souvent?

— Non, parce qu'elle a un ameublement qui ne me plaît pas.

— Comment est-il son mari? Infect, n'est-ce pas?

— Je ne sais pas, je n'ai vu que sa photographie.

Je ne sors plus depuis deux jours. Je reste dans ma chambre ou dans le trou à livres, derrière les volets demi-fermés qui laissent entrer encore trop de chaleur et trop de lumière. Cet été qui menace m'effraie, je ne sais où me fourrer. Si j'allais retomber malade! J'écoute les orages et je respire, après les averses, la moiteur électrisée. J'ai beau me mentir effrontément, cette aventure de Luce m'a secouée plus que je ne voudrais. Mélie, qui renonce à me comprendre, aggrave le mal en me parlant de Montigny, elle a reçu de là-bas des nouvelles récentes et détaillées :

— La petite à Kœnet vient d'accoucher.

— Ah! quel âge a-t-elle?

— Treize ans et demi. Un beau garçon, il paraît... Le noyer du jardin d'en haut aura beaucoup de noix.

— Tais-toi, Mélie, je ne serai pas là pour les manger...

— Quelles belles noix, pas ma guéline? "Devine, devinotte, quatre fesses dans une culotte..."

— Dis-moi encore d'autres nouvelles.

— Le grand rosier cuisse-de-nymphe est déjà perdu de chenilles (c'est le valet du locataire qui m'écrit) et on s'amuse à les tuer toutes; faut-il être "pétras"!

— Qu'est-ce que tu veux donc qu'on en fasse? Des confitures?

— Il ne faut pas tant de symétries[1] : tu prends une chenille dans ta main, tu vas la porter sur une autre commune, sur Moustier, par exemple, et alors toutes les autres la suivent.

— Mélie, qu'est-ce que tu attends pour t'assurer un brevet? C'est génial, tout simplement. Il est de toi, ce moyen-là?

— Pardi non, dit Mélie en rentrant sous son bonnet des mèches blondes et ternes. *Tout le monde* le connaît.

— C'est tout?

— Non, le père Cagnat, mon cousin, rapport à l'albumine, est tout à fait "omnipotent".

1. Simagrée.

— Ah, il est ?...

— Voui, ses jambes ont enflé jusqu'aux genoux, pis il a le ventre "préominent", il est pour ainsi dire "ingambe". Quoi encore ? Les nouveaux propriétaires du château du Pont de l'Orme révolutionnent leur parc pour faire de l'apiciculture en grand.

— De la pisciculture ? Mais il n'y a pas d'eau au Pont de l'Orme ?

— C'est drôle comme t'es bouchée aujourd'hui, ma pauvre fille ! Je te dis qu'ils font construire des ruches et des ruches, pour faire de l'apiciculture, allons !

En train d'essuyer une lampe, Mélie me jette un regard plein de tendre mépris. Elle possède un vocabulaire à surprises. Il suffit d'être averti.

Il fait chaud dans cet odieux Paris ! Je ne veux pas qu'il fasse chaud ! Ce n'est pas l'ardeur, éventée de souffles frais, qu'on respire là-bas sans trop de peine, mais une touffeur qui m'accable. Étendue sur mon lit, l'après-midi, je songe à trop de choses, à Marcel qui m'oublie, à mon cousin l'Oncle qui couraille... Il m'a déçue. Pourquoi s'est-il montré si bon, si communicatif, presque tendre, si c'était pour m'oublier tout de suite ? Il eût fallu peu de jours, peu de mots, pour corder tout à fait, et nous serions sortis souvent ensemble. J'eusse aimé apprendre un peu mieux tout

Paris avec lui. Mais c'est un vilain homme charmant, à qui Claudine ne saurait suffire pour amie.

Ces muguets, sur la cheminée, m'enivrent et me migrainent... Qu'ai-je ? Le chagrin de Luce, oui, mais encore autre chose, et mon cœur souffre de nostalgie. Je me sens ridicule comme cette gravure sentimentale accrochée dans le salon-parloir de mademoiselle Sergent, *Mignon regrettant sa patrie*. Moi qui me croyais guérie de beaucoup de choses, et revenue de tant d'autres ! Hélas, je retourne à Montigny... Serrer à brassées l'herbe haute et fraîche, m'endormir de fatigue sur un mur bas chauffé de soleil, boire dans les feuilles de capucines où la pluie roule en vif-argent, saccager au bord de l'eau des myosotis pour le plaisir de les laisser faner sur une table, et lécher la sève gommeuse d'une baguette de saule décortiquée ; flûter dans les tuyaux d'herbe, voler des œufs de mésange, et froisser les feuilles odorantes des groseilliers sauvages ; — embrasser, embrasser tout cela que j'aime ! Je voudrais embrasser un bel arbre et que le bel arbre me le rendît...
— " Marchez à pied, Claudine, prenez de l'exercice. "

Je ne peux pas, je ne veux pas, ça m'embête ! Je préfère m'enfiévrer à domicile. Si vous croyez que ça sent bon, vos rues de Paris sous le soleil ! Et à qui dire tout ce qui me pèse ? Marcel m'emmènerait voir des magasins pour me consoler. Son père me comprendrait mieux... mais ça m'intimiderait de lui montrer tant de moi. Les yeux bleu foncé de ce cousin l'Oncle semblent déjà deviner tant de choses, ses beaux yeux gênants aux paupières bistrées et froissées, qui inspirent confiance... pourtant, au moment même où ce regard-là dit : " Vous pouvez tout me raconter ", un sourire, sous la moustache qui s'argente, m'inquiète soudainement. Et papa... papa travaille avec M. Maria. (M. Maria, sa barbe doit lui tenir chaud, par ce temps-là. Est-ce qu'il en fait une petite natte, la nuit?)

Comme j'ai déchu de moi-même depuis l'an dernier! J'ai perdu l'innocent bonheur de remuer, de grimper, de bondir comme Fanchette... Fanchette ne danse plus, à cause de son ventre lourd. Moi, tête lourde, mais je n'ai pas de ventre heureusement.

Je lis, je lis, je lis. Tout. N'importe quoi. Je n'ai que ça pour m'occuper, pour me tirer d'ici et de moi. Je n'ai plus de devoirs à faire. Et si je n'explique plus, en composition de style, deux fois par an au minimum, pourquoi " l'oisiveté est la mère de tous les vices ", je saurais mieux comprendre comment elle en engendre quelques-uns.

Je suis retournée voir tante Wilhelmine, dimanche, à son jour.

L'omnibus passe devant chez Luce... j'ai craint de la rencontrer. Elle n'hésiterait pas devant une scène de larmes en public, et je me sens les nerfs mal solides.

Ma tante, aplatie par la chaleur, ayant quitté son jour, elle m'a marqué un peu d'étonnement de ma visite. Je n'ai pas fait beaucoup de grandes phrases.

— Tante, ça ne va pas du tout. Je veux retourner à Montigny, Paris me mange les sangs.

— Ma petite fille, il est vrai que vous n'avez pas très bonne mine, et je trouve vos yeux trop brillants... Pourquoi ne venez-vous pas plus souvent me voir ? Votre père, je ne parle pas de lui, il est incurable.

— Je ne viens pas, parce que je suis mauvaise et irritée de tout. Je vous peinerais, j'en suis très capable.

— N'est-ce point là ce qu'on nomme le mal du pays ? Si Marcel au moins était ici ! Mais ce petit cachottier ne vous a pas dit, sans doute, qu'il passait la journée à la campagne ?

— Il a bien raison, il verra des feuilles. Il est tout seul? Ça ne vous inquiète pas, tante?

— Oh! non, dit-elle avec son sourire si doux et si peu varié, c'est son ami Charlie qui l'emmène.

— Oh alors!... fais-je en me levant brusquement, il est en bonnes mains.

Décidément cette vieille dame est un peu bête. Ce n'est pas à elle non plus que je ferai mes confidences et mes gémissements d'arbre déraciné. Je piétine; elle me retient avec un peu d'inquiétude :

— Voulez-vous voir mon médecin? Un vieux médecin fort instruit et sagace, en qui j'ai toute confiance?

— Non, je ne veux pas. Il me dira de me distraire, et de voir du monde, et d'avoir des amies de mon âge... des amies de mon âge! elles sont indignes!

Cette sale Luce tout de même...

— Adieu, ma tante, si Marcel peut venir me voir, il me fera plaisir.

Et j'ajoute pour atténuer ma brusquerie :

— Je n'ai que lui comme amie de mon âge.

Tante Cœur me laisse partir, cette fois sans insister. Je trouble sa quiétude de grand-mère aveugle et tendre, Marcel est tellement plus facile à élever!

Ah! Ah! ils cherchent la fraîcheur sous les arbres, dans la banlieue, ces deux jolis garçons! La verdure les attendrit, anime leurs joues, teinte en aigue-marine les yeux bleus de Marcel et éclaircit les yeux noirs de son ami cher... Ça serait rudement drôle, s'ils se

faisaient pincer ensemble. Dieu! que j'aurais du goût!
Mais ils ont l'habitude, ils ne se feront pas pincer.
Ils rentreront par les trains du soir, mélancoliques,
au bras l'un de l'autre, et se sépareront avec des yeux
éloquents... Et moi, je serai comme maintenant toute
seule.

Honte sur toi, Claudine! Est-ce que ça va finir,
cette obsession, cette angoisse de la solitude?

Toute seule, toute seule! Claire se marie, je reste
toute seule.

Eh! ma chère, c'est toi qui l'as voulu. Reste donc
seule — avec tout ton honneur.

Oui. Mais je suis une pauvre petite fille triste, qui
se réfugie le soir au poil doux de Fanchette pour y
cacher sa bouche chaude et ses yeux cernés. Je vous
jure, je vous jure, ce n'est pas, ce ne peut pas être
là l'énervement banal d'une qui a besoin d'un mari.
J'ai besoin de bien plus que d'un mari, moi...

Marcel est revenu. Aujourd'hui, son vêtement gris, d'un gris à émouvoir les tourterelles, se complète d'une cravate bouton d'or, bizarre; un crêpe de Chine tourné autour du col blanc dont ne se voit plus qu'un liséré mince, une cravate drapée et attachée par des épingles à tête de perle, comme les femmes, trouvaille dont je lui fais compliment.

— Bonne promenade, dimanche?

— Ah! Grand-mère vous a raconté? Cette grand-mère, elle finira par me compromettre! Oui, promenade exquise. Un temps!

— Et un ami!

— Oui, dit-il les yeux perdus. Un ami couleur du temps.

— C'est une re-lune de miel, alors?

— Pourquoi *re*, Claudine?

Il est nonchalant, tendre... un air fatigué et délicieux... les paupières mauves sous les yeux bleus, il semble prêt à tous les abandons et toutes les confidences.

— Racontez la promenade.

— La promenade... rien. Déjeuner dans une auberge au bord de l'eau, comme deux...

— ... Z'amoureux.

— Bu du vin gris, continue-t-il sans protester, et mangé des frites, et puis je vous dis, rien, rien..., la flânerie dans l'herbe, dans l'ombre... Je ne sais pas ce qu'avait Charlie ce jour-là, vraiment...

— Il vous avait, voilà tout.

Étonné du ton de ma réplique, Marcel lève sur moi des regards languides :

— Quelle drôle de figure vous avez, Claudine! Une petite figure anxieuse et pointue, charmante d'ailleurs. Vos yeux ont grandi depuis l'autre jour. Êtes-vous souffrante?

— Non, oui, des misères que vous ne comprendriez pas... Et puis quelque chose que vous comprendriez; j'ai revu Luce.

— Ah! s'écrie-t-il en joignant les mains d'un geste d'enfant, où est-elle?

— A Paris, pour longtemps.

— Et... c'est donc ça que vous avez l'air las. Claudine! O Claudine, qu'est-ce qu'il faut que je fasse pour que vous me disiez tout?

— Rien, allez. C'est bref. Je l'ai rencontrée par hasard. Si, par hasard. Elle m'a emmenée chez elle, tapis, meubles de style, robe de trente louis... Hein, mon vieux! dis-je en riant de sa bouche entrouverte de bébé étonné. Et puis... oui, comme autrefois ç'a été la Luce tendre, trop tendre, ses bras à mon cou, son parfum sur moi, la Luce trop confiante qui m'a tout dit... mon ami Marcel, elle vit à Paris avec un monsieur d'âge, de qui elle est la maîtresse.

— Oh! crie-t-il sincèrement indigné. Comme ça a dû vous faire de la peine!

— Pas tant que je croyais. Un peu tout de même...

— Ma pauvre petite Claudine! répète-t-il en jetant ses gants sur mon lit. Je comprends si bien...

Affectueux, fraternel, il m'a passé son bras autour des épaules, et de sa main libre il m'appuie la tête contre lui. Sommes-nous touchants, ou ridicules? Ce n'est pas à cet instant-là que je me le suis demandé. Il me tient par le cou, comme Luce. Il sent bon comme elle, mais plus finement qu'elle, et je vois d'en bas ses cils blonds en abat-jour sur ses yeux... Mon énervement de toute la semaine va-t-il crever en sanglots à cette place? Non, il essuierait mes pleurs mouillant son veston bien coupé, avec une inquiétude furtive. Hop, Claudine! mords-toi la langue vigoureusement, remède souverain contre les larmes prêtes...

— Mon petit Marcel, vous êtes doux. Ça me console de vous avoir vu.

— Taisez-vous, je comprends si bien! Dieu! si Charlie me faisait pareille chose...

Tout rose d'une émotion égoïste, il se tamponne

les tempes. Je trouve sa phrase si drôle que j'en éclate de rire.

— Oui, vous êtes énervée. Sortons, voulez-vous? Il a plu, la température est devenue très tolérable.

— Oh! oui, sortons, ça me détendra.

— Mais, dites encore... Elle a été pressante... et suppliante?

Il ne songe pas du tout qu'à un vrai chagrin son insistance serait cruelle, il cherche, quoi? Une sensation un peu spéciale.

— Oui, pressante. Je me suis sauvée pour ne pas la voir, sa chemisette défaite sur la peau blanche, en larmes, et me criant par-dessus la rampe de revenir...

Mon "neveu" respire plus vite. Il faut croire que c'est bien énervant ces chaleurs précoces, à Paris.

Je le quitte un instant et je reviens, coiffée du canotier qui m'est cher. Le front à la vitre, Marcel regarde la cour.

— Nous allons où?

— Où vous voudrez, Claudine, nulle part... Boire du thé froid au citron, pour nous ragaillardir un peu. Alors... Vous ne la reverrez plus?

— Jamais, dis-je très raide.

Gros soupir de mon compagnon, il m'eût voulu peut-être une jalousie moins intransigeante, à cause des anecdotes.

— Il faut prévenir papa que nous sortons, Marcel. Venez avec moi.

Papa, heureux, se promène à grands pas dans sa chambre en dictant des choses à M. Maria. Celui-ci lève la tête, me contemple, contemple mon "neveu" et devient morne. Mon noble père méprise Marcel de toute la hauteur de ses épaules solides, que drape une redingote à taille dont les poches sont crevées. Marcel le lui rend bien, mais se montre plein de déférence.

— Allez, mes enfants. Ne soyez pas longtemps. Prenez garde aux courants d'air. Rapporte-moi du papier écolier, le plus grand que tu pourras trouver, et des chaussettes.

— J'ai apporté trois mains de papier écolier ce matin, intervient, d'une voix douce, M. Maria qui ne me quitte pas des yeux.

— Ça va bien; quoique... On ne saurait trop acheter de papier écolier.

Nous partons, et j'entends papa, derrière la porte refermée, chanter à pleine voix une fanfare de chasse :

> Si tu voyais mon chose,
> Tu rirais trop, tu rirais trop :
> Il est couleur de rose
> Comme un fond d'artichaut.

— Il en a de joyeuses, mon grand-oncle, remarque Marcel qui s'étonne encore.

— Oui. Lui et Mélie, ils possèdent un répertoire assez complet; ce qui m'a toujours fait rêver, c'est ce " couleur de rose, comme un fond d'artichaut ".

Le fond d'artichaut carminé est une espèce inconnue, à Montigny, du moins.

Nous nous hâtons pour quitter la rue Jacob empestée et la rue Bonaparte malodorante. Aux quais, on respire, mais l'haleine de mai fleure ici le bitume et la créosote, hélas!

— Où qu'on va?

— Je ne sais pas encore. Vous êtes jolie, Claudine, très jolie aujourd'hui. Vos yeux maryland ont quelque chose d'inquiet et de quémandeur que je ne leur connaissais pas encore.

— Merci.

Moi aussi, je me trouve à mon avantage. Les glaces des magasins me le disent, même les tout étroites où je ne me vois qu'un œil et une tranche de joue en passant. O Claudine girouette! Moi qui ai tant pleuré mes cheveux longs, j'ai recoupé ce matin trois centimètres des miens, pour conserver cette coiffure de " pâtre bouclé ". — Ça, c'est un mot de mon Oncle. — Le fait est qu'aucune autre ne saurait mieux encadrer mes yeux longs et mon menton mince.

On nous regarde beaucoup, Marcel autant que moi, il est peut-être un peu gênant au grand jour de la rue; il rit aigu, se retourne sur les glaces en pliant sur une hanche, baisse les paupières quand les hommes le dévisagent, je ne me sens pas enchantée de ses façons.

— Claudinette, venez boulevard Haussmann boire

du thé froid. Ça ne vous fait rien de prendre le boulevard à droite après l'avenue de l'Opéra? c'est plus amusant.

— Moi, les rues de Paris ne m'amusent jamais. C'est plat tout le temps par terre... Dites, est-ce que vous savez si votre père est revenu à Paris?

— Il ne m'en a point fait part, chère. Papa sort beaucoup. Journalisme, " affaires d'honneur, affaires de cœur ". Sachez que mon père aime infiniment les femmes, et vice versa, dit-il en insistant trop, avec le ton acide qu'il prend en parlant de mon cousin l'Oncle. Ça vous surprend?

— Non, ça ne me surprend pas. Un sur deux, ce n'est pas trop pour une famille.

— Vous êtes gentille quand on vous vexe, Claudine.

— Mon petit Marcel, franchement, qu'est-ce que vous voulez que ça me fiche?

Car il faut montrer que je sais bien mentir, et lui cacher l'impression d'agacement, de malaise, que m'ont causée ses dernières phrases. Je médite de retirer ma confiance à mon cousin l'Oncle. Je n'aime pas dire mes secrets à quelqu'un qui ira les oublier chez " des " femmes. C'est dégoûtant, aussi! J'entends cet Oncle parler à " des " femmes, avec la même voix voilée et séduisante, la voix qui m'a dit des gentillesses affectueuses. Quand " ses " femmes ont du chagrin, il les prend peut-être par les épaules pour les câliner, comme moi, il y a trois semaines? Bon sang!

L'irritation disproportionnée de Claudine s'est traduite par un coup de coude dans la hanche d'une grosse dame qui lui barrait le chemin.

— Qu'est-ce qui vous prend, Claudine?
— Zut, vous!
— Quel caractère!... Pardon, Claudine, j'oubliais que vous avez eu de la peine. Je sais bien à quoi vous pensez...

Il est toujours aiguillé sur Luce. Sa méprise me rend un peu de bonne humeur ressemblant à celle d'une coureuse que son amoureux a chagrinée et que son mari console.

Occupés tous deux de pensées que nous ne disons pas, nous atteignons le Vaudeville. Tout à coup, une voix... que j'entendais avant qu'elle parlât... chuchote dans mon dos :

— Bonjour, les enfants sages.

Je me retourne violemment, les yeux féroces, si rébarbative que mon cousin l'Oncle éclate de rire. Il est là, avec un autre monsieur en qui je reconnais le Maugis du concert. Le Maugis du concert, rondelet et rose, a très chaud, s'éponge et salue avec un respect exagéré sous quoi je sens de la blague, ce qui ne contribue pas à me calmer.

Je dévisage l'Oncle Renaud comme si je le voyais pour la première fois. Son nez court et courbé et sa moustache couleur de castor argenté, je les connais bien, mais ses yeux gris bleu, profonds et las, ont-ils changé d'expression? Je ne savais pas qu'il eût la bouche aussi petite. Ses tempes froissées prolongent leurs menues coutures jusqu'aux coins des yeux; mais je ne trouve pas ça très laid. Pouah! l'affreux coureur qui vient de voir " des " femmes! Et je le contemple d'un air si vindicatif, pendant ces deux secondes, que cette horreur de Maugis se décide à affirmer, en hochant la tête :

— Voilà une figure que je priverais de dessert... sans plus ample informé.

Je lui lance un coup d'œil d'intention meurtrière, mais ses yeux bleus bombés, ses sourcils en arc affectent une si onctueuse douceur, une si parfaite naïveté, que je lui pouffe au nez... sans plus ample informé.

— Ces vieilles dames, constate l'abominable Oncle en haussant les épaules, ça rit pour un rien.

Je ne réponds pas, je ne le regarde pas...

— Marcel, qu'a donc ton amie? Vous vous êtes disputés?

— Non, père, nous sommes les meilleurs amis du monde. Mais, ajoute-t-il d'un air de discrétion renseignée, je crois que Claudine a eu des ennuis cette semaine.

— Ne vous faites pas trop de bile, s'empresse Maugis; les têtes de poupées, ça se remet très bien, je connais une adresse excellente, je vous aurai les 13-12 et le cinq pour cent au comptant.

C'est le tour de mon Oncle, à présent, de me regarder comme s'il me voyait pour la première fois. Il fait signe à Marcel, assez impérativement, de venir lui parler. Et, comme ils s'écartent d'un pas, je reste en proie au rondelet Maugis qui m'amuse, jamais distingué, mais parfois drôle.

— Il est très en beauté, l'éphèbe dont vous vous proclamez la tante.

— Je vous crois! On le regarde plus que moi, dans la rue! mais je ne suis pas jalouse.

— Comme vous avez raison!

— Pas, il a une belle cravate? Mais c'est plutôt une cravate pour femme.

— Voyons, ne lui reprochez pas d'avoir quelque chose pour femme, fait Maugis conciliant.

— Et ses vêtements, voyez si ça fait un pli!

J'imagine que Marcel ne raconte pas Luce à son père? Il n'oserait pas. Il fera bien de ne pas oser. Non, la figure de mon oncle serait autre.

— Claudine, dit-il, en se rapprochant avec son fils, je voulais vous emmener, tous deux, voir *Blanchette* dimanche prochain au théâtre Antoine. Mais si vous boudez, que dois-je faire? Y aller tout seul?

— Non, pas tout seul; j'irai!

— Votre méchanceté aussi?

Il me regarde bien dans les yeux... et je fléchis.

— Non, je serai gentille. Mais j'ai des misères, aujourd'hui.

Il me regarde toujours, il voudrait deviner, je

tourne la tête comme Fanchette devant la soucoupe de lait qu'elle désire et qu'elle évite.

— Là, je vous laisse, mes enfants sages. Où allez-vous comme ça?

— Boire du thé froid, père.

— Ça vaut mieux que d'aller au café, murmure Maugis, distraitement.

— Claudine, écoutez, me dit mon oncle en confidence. Je trouve Marcel infiniment plus sympathique depuis qu'il est votre ami. Je crois que vous lui êtes salutaire, petite fille. Son vieux papa vous en remercierait beaucoup, savez-vous ça?

Je me laisse secouer la main par les deux hommes et nous tournons le dos. Salutaire à Marcel? Voilà une chose qui me laisse froide, par exemple! Je n'ai pas la corde moralisatrice. Salutaire à Marcel? Dieu, que c'est gourde, un homme intelligent!

Nous avons bu du thé froid, au citron. Mais mon "neveu" m'a trouvée morne. Je l'amuse moins que Charlie, et je me rends compte que mes distractions sont, d'ailleurs, d'un tout autre ordre; je n'y puis rien.

Le soir, après dîner, je lis, vague et absente, pendant que papa fume en chantonnant des mélopées sauvages, et que Mélie rôde, soupesant ses mamelles. La chatte, ballonnée, énorme, a refusé de dîner; elle ronronne sans motif, le nez trop rose et les oreilles chaudes.

Je me couche tard, la fenêtre ouverte et les volets clos, après les trente-six tours de chaque soir, l'eau tiède, la contemplation déshabillée devant la glace longue, les exercices d'assouplissement. Je suis veule... Ma Fanchette, essoufflée, sur le flanc dans sa corbeille, tressaille et écoute son ventre gonflé. Je crois que c'est pour bientôt.

C'était pour bientôt! A peine ma lampe soufflée, un grand *Môôô* désespéré me relève. Je rallume et je cours pieds nus, à ma pauvrette, qui respire vite, appuie impérieusement ses pattes chaudes sur ma main, et me regarde avec d'admirables yeux dilatés. Elle ronronne à tort et à travers. Soudain, crispation des pattes fines sur ma main, et second : *Môôô* de détresse. Appellerai-je Mélie ? Mais, au geste que je fais pour me relever, Fanchette éperdue se lève et veut courir; c'est une manie, elle a peur. Je vais rester. Ça me dégoûte un peu, mais je ne regarderai pas.

Après une accalmie de dix minutes, la situation se corse : ce sont de courtes alternatives de ronron furieux (*Frrr, frrr*), et de clameurs terribles (*Môôô, môôô*). Fanchette pousse ses yeux hors de la tête, se convulse et... je tourne la tête. Une reprise de ronron, un remue-ménage dans la corbeille m'apprennent qu'il y a du nouveau. Mais je sais trop que la pauvre bête ne s'en tient jamais à une édition unique. Les clameurs reprennent, la patte éperdue me griffe la main, je tiens la tête obstinément tournée. Après trois épisodes semblables, c'est enfin le calme définitif. Fanchette est vide. Je cours à la cuisine, en chemise, lui chercher du lait, ça lui donnera le temps de mettre bien des petites choses en ordre. Je m'attarde exprès. Quand je reviens portant la soucoupe, ma jolie bête exténuée arbore déjà sa figure de mère heureuse. Je crois que je peux regarder....

Sur le ventre blanc et rosé, trois chatons minuscules, trois limaces de cave rayées de noir sur gris, trois petites merveilles tettent et ondulent comme des sangsues. La corbeille est propre et sans trace : cette Fanchette a le don d'accoucher comme par enchantement ! Je n'ose pas encore toucher les petits qui luisent, léchés de l'oreille à la queue, bien que la petite mère m'invite, de sa pauvre voix toute cassée, à les admirer, à les caresser... Demain, il faudra choisir, et en donner deux à noyer. Mélie sera, comme d'habitude, l'exécuteur des hautes œuvres. Et je verrai, pendant des semaines, Fanchette, mère fantaisiste, promener son petit rayé dans sa gueule, le lancer en l'air avec ses pattes, et s'étonner, incorrigible ingénue, que ce fils de quinze jours ne bondisse pas à sa suite sur les cheminées, et sur le dernier rayon de la bibliothèque.

Ma nuit écourtée a été pleine de rêves, où l'extravagant le disputait à l'idiot. Je rêve davantage depuis quelque temps.

Mélie a pleuré toutes les faciles larmes de son âme tendre, en recevant l'ordre de noyer deux des petits Fanchets. Il a fallu choisir et reconnaître les sexes. Moi, je ne m'y entends pas quand c'est si petit, et il paraît que de plus malins que moi s'y trompent mais Mélie est infaillible. Un chaton dans chaque main, elle jette au bon endroit un coup d'œil sûr et déclare : " Voilà le petit mâle. Les deux autres sont des chattes. " Et j'ai rendu le petit élu à Fanchette, inquiète et criante par terre. " Emporte vite les deux autres qu'elle n'en sache rien. " Fanchette a, malgré tout, constaté qu'il en manquait; elle sait compter jusqu'à trois. Mais cette bête délicieuse se montre mère assez médiocre : après avoir rudement roulé et retourné son chat, de la patte et de la gueule, pour voir si les autres n'étaient pas cachés dessous, elle a pris son parti. Elle léchera celui-là deux fois plus, voilà tout.

Encore combien de jours? Quatre, jusqu'à dimanche. Dimanche, j'irai au théâtre avec Marcel et mon Oncle. Du théâtre, je m'en moque; de mon Oncle, pas. Mon Oncle, mon oncle... Quelle bête d'idée de l'avoir baptisé ainsi! Sotte " engaudre " de Claudine! " Mon Oncle " ça me fait penser à cette horrible petite Luce. Ça ne lui fait rien, à elle, d'appeler mon oncle un vieux monsieur qui... Celui-ci, le mien, est en somme le veuf d'une cousine germaine que je n'ai jamais vue. Ça s'appelle un " cousin " en français honnête. " Renaud ", c'est mieux que " mon Oncle ", ça le rajeunit, c'est bien... Renaud!

Comme il a vite dompté ma mauvaiseté, l'autre jour! Ç'a été lâcheté pure de ma part, et non courtoisie. Obéir, obéir, humiliation que je n'ai jamais subie — j'allais écrire savourée. Savourée, oui. C'est par perversité que j'ai cédé, je crois. A Montigny, je me serais laissé hacher plutôt que de balayer la classe à mon tour quand ça ne me disait pas. Mais, peut-être que si Mademoiselle m'avait bien regardée avec des yeux gris bleu couleur Renaud, j'aurais obéi plus souvent, comme je *lui* ai obéi, tous mes membres engourdis par une mollesse inconnue.

Pour la première fois, je viens de sourire en pensant

à Luce. Bon signe; elle me devient lointaine, cette petite, qui dansait sur un pied en parlant de laisser crever sa mère!... Elle ne sait pas, ce n'est pas sa faute. C'est une petite bête veloutée.

Encore deux jours avant d'aller au théâtre. Marcel viendra. Ce n'est pas sa présence qui me ravit le plus; devant son père, c'est une petite bûche blonde et rose, une petite bûche un peu hostile. Je les aime mieux séparément, Renaud et lui.

Mon état d'âme, — et pourquoi n'aurais-je pas un " état d'âme ", moi aussi? — manque de précision. Il est celui d'une personne à qui doit tomber prochainement une cheminée sur la tête. Je vis, énervée, dans l'attente de cette inévitable chute. Et quand j'ouvre la porte d'un placard, ou quand je tourne le coin d'une rue, ou quand arrive le courrier du matin qui ne m'apporte jamais rien, au seuil de toutes mes actions insignifiantes, j'ai un léger sursaut. " Est-ce pour cette fois-ci? "

J'ai beau regarder la figure de ma petite limace, — il s'appellera Limaçon, le chaton, pour plaire à papa, et à cause de ses belles rayures nettes — j'ai beau interroger sa petite figure close, tigrée de raies délicates et convergentes vers le nez, comme la face d'une pensée jaune et noire, les yeux ne s'ouvriront qu'au bout de neuf jours révolus. Et lorsque je rends à Fanchette blanche son bel enfant, en lui disant mille compliments, elle le lave minutieusement. Quoiqu'elle m'aime à la folie, elle trouve au fond que je sens mauvais le savon parfumé.

Un événement, un événement grave ! Est-ce la cheminée que j'appréhendais ? Sans doute, mais alors je devrais être allégée de mon angoisse. Et je garde encore " l'estomac petit " comme on dit chez nous. Voici :

Ce matin à dix heures, comme je m'efforçais assidûment d'habituer Limaçon à un autre téton de Fanchette (il prend toujours le même, et quoi qu'en dise Mélie, je crains que ça ne déforme ma belle), papa entre, solennel, dans ma chambre. Ce n'est pas de le voir solennel, qui m'effare, c'est de le voir entrer dans ma chambre. Il n'y pénètre que quand je me déclare malade.

— Viens donc un peu avec moi

Je le suis jusqu'à son trou à livres avec la docilité d'une fille curieuse. J'y trouve M. Maria. Cette présence aussi me semble toute simple. Mais M. Maria vêtu d'une redingote neuve à dix heures du matin, et ganté, ceci passe la vraisemblance!

— Mon enfant, commence mon noble père, onctueux et digne, voici un brave garçon qui voudrait t'épouser. Je dois te dire d'abord qu'il a toute ma bienveillance.

L'oreille tendue, j'ai écouté, attentive, mais abrutie. Quand papa a fini sa phrase, j'articule ce seul mot, idiot et sincère :

— Quoi?

Je vous jure que je n'ai pas compris. Papa perd un peu de sa solennité, mais garde toute sa noblesse.

— Bougre de bougre, j'ai pourtant une assez belle diction pour que tu comprennes tout de suite! Ce brave petit monsieur Maria veut t'épouser, même dans un an si tu te trouves trop jeune. Moi, tu comprends, j'oublie un peu ton âge, depuis le temps (!). Je lui ai répondu que tu devais avoir au juste quatorze ans et demi, mais il affirme que tu cours sur tes dix-huit; il doit le savoir mieux que moi. Voilà. Et si tu ne veux pas de lui, tu seras difficile, mille troupeaux de cochons!

A la bonne heure! Je regarde M. Maria, qui pâlit sous sa barbe, et me contemple de ses yeux d'animal à longs cils. Agitée, sans bien savoir pourquoi, d'une brusque allégresse, je me jette vers lui.

— Comment, c'est vrai, monsieur Maria? Pour de vrai, vous voulez m'épouser? Sans rire?

— Oh! sans rire, gémit-il à voix basse.

— Mon Dieu! que vous êtes gentil!

Et je lui prends les deux mains que je secoue, joyeuse. Il s'empourpre, tel un couchant à travers les broussailles :

— Alors, vous consentiriez, Mademoiselle?

— Moi? mais jamais de la vie!

Ah! je manque de délicatesse autant qu'un kilo de

dynamite! M. Maria, debout devant moi, ouvre la bouche, et se sent devenir fou.

Papa croit de son devoir d'intervenir :

— Dis donc, vas-tu nous balancer longtemps? Qu'est-ce que ça signifie? Tu lui sautes au cou, et puis tu le refuses? En voilà des manières!

— Mais, papa, je ne veux pas du tout épouser M. Maria, c'est clair. Je le trouve très gentil, oh! tellement gentil, de me juger digne d'une attention aussi... sérieuse, et c'est de cela que je le remercie. Mais je ne veux pas l'épouser, pardi!

M. Maria esquisse un pauvre geste pitoyable de prière, et ne dit rien — il me fait de la peine.

— Père Éternel! rugit papa. Pourquoi diable ne veux-tu pas l'épouser?

Pourquoi? Les deux mains écartées, je hausse les épaules. Est-ce que je sais, moi? C'est comme si on me proposait d'épouser Rabastens, le beau sous-maître de Montigny. Pourquoi? Pour la seule raison qui vaille au monde — parce que je ne l'aime pas.

Papa, exaspéré, jette aux échos des murs une telle volée de jurons que je ne l'écrirai pas. J'attends la fin de la kyrielle :

— Oh! papa! tu veux donc que j'aie du chagrin!

Cet homme de pierre n'en demande pas davantage :

— Bougre! Du chagrin? Évidemment non. Et puis enfin, tu peux réfléchir, tu peux changer d'avis. N'est-ce pas, vous, elle peut changer d'avis? Ça me serait même rudement commode, si elle changeait d'avis! Je vous aurais là tout le temps, on en abattrait de la besogne! Mais, pour ce matin, une fois, deux fois, tu ne veux pas? Fous-moi le camp, nous avons à travailler.

M. Maria sait bien, lui, que je ne changerai pas d'avis. Il tripote sa serviette en maroquin, et cherche son porte-plume sans le voir. Je m'approche :

— Monsieur Maria, vous m'en voulez?

— Oh! non, Mademoiselle, ce n'est pas ça...

Un enrouement subit l'empêche de continuer. Je m'en vais sur la pointe du pied, et seule dans le salon, je me mets à danser la " chieuvre ". Veine! on m'a demandée en mariage! En ma-ri-a-ge! On me trouve assez jolie, malgré mes cheveux courts, pour m'épouse ; celui-ci un garçon raisonnable, posé, pas un cas pathologique. Donc, d'autres... Assez dansé, je vais penser plus loin.

Il serait puéril de le nier, mon existence se corse. La cheminée immine. Elle va choir sur mon crâne qui bout, effroyable ou délicieuse, mais elle va choir. Je n'éprouve aucun besoin de confier mon état à qui que ce soit au monde. Je n'écrirai pas à Claire, à l'heureuse Claire : " O chère petite amie de mon enfance, il approche, le moment fatal, je prévois que mon cœur et ma vie vont fleurir ensemble... " Non, je ne lui écrirai rien du tout. Je ne demanderai pas à papa : " O mon père, quoi donc m'oppresse et me ravit à la fois? Éclaire ma jeune ignorance "... Il en ferait une

tête, mon pauvre papa ! Il tordrait sa barbe tricolore
et murmurerait, perplexe : " Je n'ai jamais étudié cette
espèce-là. "

" Bafute ", Claudine, " bafute... ". Au fond, tu
n'es pas fière. Tu erres dans le vaste appartement, tu
délaisses le vieux et cher <u>Balzac</u>, tu t'arrêtes, l'œil vague
et perdu, devant la glace de ta chambre, qui te montre
une longue fillette mince aux mains croisées derrière
le dos, en blouse de soie rouge à plis et jupe de serge
bleu sombre. Elle a des cheveux courts en grosses
boucles, une figure étroite aux joues mates, et des yeux
longs. Tu la trouves jolie, cette fille-là, avec ton air de
s'en ficher pas mal. Ce n'est pas une beauté qui ameute
les foules, mais... je me comprends : ceux qui ne la
voient pas sont des imbéciles, ou des myopes.

Que demain me fasse gente ! Ma jupe tailleur bleue
suffira, et mon chapeau grand noir, avec la petite chemisette en soie bleu foncé — les teintes sombres me
seyent mieux — et deux roses-thé au coin de l'échan-
crure carrée du col parce qu'elles sont, le soir, de la
même nuance que ma peau.

Si je révélais à Mélie qu'on m'a demandée en mariage ?
Non. Pas la peine. Elle me répondrait : " Ma guéline ",
faut faire comme chez nous. Ceusse qu'on te propose,
essaie-les avant ; comme ça, le marché est honnête et
y a personne de trompé. " Car la virginité est pour elle
de si peu de prix ! Je connais ses théories : " Des menteries, ma pauvre fille, des menteries ! Des histoires de

médecins, tout ça. Après, avant, si tu crois qu'*ils* n'y prennent pas le même goût! C'est tout-un-tel, va. " Suis-je pas à bonne école? Mais il y a une fatalité sur les honnêtes filles; elles le restent, malgré toutes les Mélies du monde!

Je m'endors tard dans la nuit étouffante, et des souvenirs de Montigny traversent mon sommeil agité, des songeries de feuilles bruissantes, d'aube frisquette et d'alouettes qui montent, avec ce chant que nous imitions, à l'École, en froissant dans la main une poignée de billes de verre. Demain, demain... est-ce qu'on me trouvera jolie? Fanchette ronronne doucement, son Limaçon rayé entre ses pattes. Ce ronron égal de ma chère belle, combien de fois m'a-t-il calmée et endormie...

J'ai rêvé cette nuit. Et la molle Mélie, entrant à huit heures pour ouvrir mes volets, me trouve assise en boule, mes genoux dans mes bras, et mes cheveux jusqu'au nez, absorbée et taciturne.

— Bonjour, ma France adorée.
— ... jour.
— T'es pas malade?
— Non.
— T'as des misères et des chagrins?
— Non. J'ai rêvé.
— Ah, c'est plus sérieux. Mais si t'as pas rêvé enfant, ni famille royale (*sic*), y a pas de mal. Si au moins t'avais rêvé fumier d'homme!

Ces prédictions, qu'elle me réédite gravement depuis que je peux la comprendre, ne me font plus rire. Ce que j'ai rêvé, je ne le dirai à personne, pas à ce cahier non plus. Ça me gênerait trop de le voir écrit...

J'ai demandé qu'on dînât à six heures, et M. Maria s'en va une heure plus tôt, effacé, broussailleux, abattu. Je ne l'évite pas du tout depuis l'événement; il ne me gêne en aucune façon. Je me montre même plus prévenante, diseuse de banalités et de lieux communs :

— Quel beau temps, monsieur Maria!

— Vous trouvez, Mademoiselle? Il fait pesant, l'ouest est noir...

— Ah! je n'avais pas vu. C'est drôle, depuis ce matin, je m'imagine qu'il fait beau.

A dîner, où, après avoir tripoté sans faim ma viande, je m'attarde sur le soufflé aux confitures, je questionne papa.

— Papa, est-ce que j'ai une dot?

— Qu'est-ce que ça peut te foutre?

— Tiens, tu es admirable! On m'a demandée en mariage hier, ça peut recommencer demain. Il n'y a que le premier refus qui coûte. Tu sais, les demandes, c'est l'histoire des fourmis et du pot de confitures : quand il en vient une, il en vient trois mille.

— Trois mille, bougre! Heureusement nos relations sont peu étendues. Bien sûr, pot de confitures, vous avez une dot! Quand tu as fait ta première communion, j'ai mis chez Meunier, le notaire de Montigny, les cent cinquante mille francs que t'a laissés ta mère, une femme bien désagréable. Ils sont mieux chez lui qu'ici, tu comprends, avec moi, on ne sait jamais ce qui peut arriver...

Il a comme ça de ces mots attendrissants pour lesquels on l'embrasserait; et je l'embrasse. Puis je retourne à ma chambre, énervée déjà parce qu'il se fait tard, l'oreille longue et le cœur court, guettant la sonnette.

Sept heures et demie. Il ne se dépêche vraiment pas! Nous manquerons le premier acte. S'il allait ne pas venir! Huit heures moins le quart. C'est révoltant! Il aurait bien pu m'envoyer un petit bleu, ou même Marcel, cet oncle fugace...

Mais un *trrr* impérieux me met debout, et je me vois, dans la glace, une singulière figure blanche qui me gêne tant que je me détourne. Depuis quelque temps, mes yeux ont toujours l'air de savoir quelque chose que je ne sais pas, moi.

La voix que j'entends dans l'antichambre me fait sourire nerveusement; une seule voix, celle de mon cousin l'Oncle, — de mon cousin Renaud, je veux dire. Mélie l'introduit sans frapper. Elle le suit d'un regard flatteur de chienne obéissante. Il est pâle lui aussi, visiblement énervé et les yeux brillants. Aux lumières, sa moustache argentée semble plus blonde... belle moustache relevée... si j'osais, je tâterais comme c'est doux...

— Vous êtes toute seule, ma mie Claudine? Pourquoi ne dites-vous rien? Hé? Mademoiselle est sortie?

Mademoiselle pense qu'il vient peut-être de chez une de " ses " femmes, et sourit sans gaieté.

— Non. Mademoiselle va sortir; avec vous, je l'espère. Venez dire adieu à papa.

Papa est charmant pour mon cousin l'Oncle, qui ne plaît pas qu'aux femmes.

— Prenez bien soin de la petite; elle est délicate. Avez-vous la clef pour rentrer?

— Oui, j'ai la mienne pour rentrer chez moi.

— Demandez la nôtre à Mélie. Moi j'en ai déjà perdu quatre, j'ai renoncé. Où donc est le petit?

— Marcel? Il ne... il viendra nous retrouver au théâtre, je crois.

Nous descendons sans rien dire; j'ai un plaisir de gosse à trouver en bas une voiture de cercle. Un coupé de chez Binder, magnifiquement attelé, ne pourrait pas m'enchanter davantage.

— Vous êtes bien? Voulez-vous que je lève une des deux glaces, à cause du courant d'air? Non, la moitié des deux seulement, on a si chaud.

Je ne sais pas si on a chaud, mais, bon Dieu, que mon estomac est petit! Un frisson nerveux me fait trembler les nacottes[1]; j'ai de la peine à dire enfin :

— Alors, Marcel nous retrouve là-bas?

---

1. Dents.

Pas de réponse. Renaud — ça fait joli, Renaud tout court — regarde devant lui, le sourcil bas. Brusquement, il se retourne vers moi et me prend les poignets; cet homme grisonnant a des mouvements si jeunes!

— Écoutez, j'ai menti tout à l'heure, ça n'est pas bien propre : Marcel ne vient pas. J'ai dit le contraire à votre père, et ça me taquine.

— Comment? Il ne vient pas? Pourquoi?

— Ça vous fait de la peine, n'est-ce pas? C'est ma faute. La sienne aussi. Je ne sais pas comment vous expliquer... Ça vous semblera si peu de chose. Il vient me trouver rue de Bassano, chez moi, charmant, une petite figure moins raide et moins fermée que de coutume. Mais une cravate! Un crêpe de Chine roulé autour du cou, drapé comme un haut de corsage, avec des épingles de perle un peu partout, enfin... impossible. Je lui dis : " Mon petit garçon, tu... tu serais bien aimable de changer de cravate, je te prêterai une des miennes. " Il se cabre, devient sec, insolent, nous... enfin nous échangeons des répliques un peu compliquées pour vous, Claudine; il déclare : " J'irai avec ma cravate ou je n'irai pas. " Je lui ai jeté la porte sur le dos, et voilà. Vous m'en voulez beaucoup?

— Mais, dis-je sans lui répondre, vous la lui avez vue déjà, cette cravate; il la portait l'autre jour quand nous vous avons rencontré avec Maugis sur le boulevard, près du Vaudeville.

L'air très surpris, les sourcils levés.

— Non? Vous êtes sûre?

— Tout à fait sûre; c'est une cravate qu'on ne saurait oublier. Comment ne l'avez-vous pas remarquée?

Retombé en arrière contre les coussins, il hoche la tête en disant entre haut et bas :

— Je ne sais pas. J'ai vu que vous aviez les yeux battus, l'air farouche d'un chevreuil offensé, une chemisette bleue, une boucle de cheveux, légère, qui vous chatouillait toujours le sourcil droit...

Je ne réponds rien. J'étouffe un peu. Lui, sa phrase interrompue, incline son chapeau sur les yeux, d'un geste sec d'homme qui vient de dire une bêtise et s'en aperçoit trop tard.

— Ce n'est pas drôle, évidemment, moi tout seul. Je puis encore vous ramener, si vous voulez, ma petite amie.

A qui en veut ce ton agressif? Je ne fais que rire doucement, je pose ma main gantée sur son bras, et je l'y laisse.

— Non, ne me ramenez pas. Je suis très contente. Vous ne cordez pas ensemble, vous et Marcel, je vous préfère alternatifs plutôt que simultanés. Mais pourquoi ne pas avoir dit ça devant papa?

Il prend ma main et la passe sous son bras.

— C'est simple. J'avais du chagrin, j'étais exaspéré, j'ai eu peur que votre père ne me privât de vous, chère, petite compensation... Je ne vous avais peut-être pas méritée, mais je vous avais bien gagnée...

— Pas la peine d'avoir peur. Papa m'aurait laissée partir avec vous, il fait tout ce que je veux...

— Oh! je sais bien, dit-il avec un peu d'irritation en tirant sa moustache en vermeil dédoré. Promettez-moi au moins de ne vouloir que des choses aussi raisonnables.

— On ne sait pas, on ne sait pas! Ce que je voudrais... écoutez, accordez-moi ce que je vais vous demander...

— Quel bananier faut-il dépouiller? quelle queue d'artichaut fabuleux devrai-je, amère, décortiquer? Un mot, un geste, un seul... et les pralines de chocolat à la crème vont emplir votre giron... Ces coupés de cercle, mesquins, rétrécissent la noblesse de mes gestes, Claudine, mais celle de mes sentiments n'en craint pas!

Tous ces gens de lettres, ils parlent un peu à la blague, de la même façon, mais lui, combien plus chic que Maugis et sans cet horrible accent de faubourg parisien...

— Des pralines de chocolat, ça ne se refuse jamais. Mais... voilà, je ne veux plus vous appeler " mon Oncle ".

Il incline, dans les lumières, tôt dépassées, d'un magasin, une tête faussement résignée.

— Ça y est. Elle va m'appeler " Grand-Père ". La minute redoutée a sonné...

— Non, ne riez pas. J'ai réfléchi que vous étiez mon cousin et que, si vous vouliez, je pourrais vous appeler... Renaud. Ce n'est pas monstrueux, il me semble.

Nous suivons une avenue peu éclairée; il se penche pour me voir; je fais de loyaux efforts pour ne pas papilloter; il répond enfin :

— C'est tout? Mais commencez vite, je vous en prie. Vous me rajeunissez, pas autant que je le voudrais, mais déjà de cinq ans au moins. Regardez mes tempes; ne viennent-elles pas de reblondir soudainement?

Je me penche pour constater, mais je me retire presque aussitôt. A le regarder de si près, mon estomac rapetisse encore...

Nous ne disons plus rien. De temps en temps, dans les lumières, j' "arrœille" furtivement son profil court et ses yeux, grands ouverts, attentifs.

— Où demeurez-vous... Renaud?

— Je vous l'ai dit, rue de Bassano.

— C'est joli, chez vous?

— C'est joli... pour moi.

— Est-ce que je pourrais voir?

— Dieu, non!

— Pourquoi?

— Mais, parce que... c'est trop... gravure dix-huitième siècle pour vous.

— Bah! qu'est-ce que ça fait?

— Laissez-moi croire que " ça fait " encore quelque chose... Nous arrivons, Claudine.

Dommage.

Avant *Blanchette*, je me régale consciencieusement de *Poil de Carotte*. La grâce garçonnière, le geste contenu de Suzanne Després m'enchantent : ses yeux sont verts, comme ceux de Luce, sous la courte perruque rouge. Et la coupante netteté de ce Jules Renard me ravit.

Comme j'écoute, menton tendu, toute immobile, je *sens* tout à coup que Renaud me regarde. Je me retourne prestement : il a les yeux sur la scène et la contenance fort innocente. Ça ne prouve rien.

Pendant l'entracte, Renaud me promène et me demande :

— Êtes-vous un peu plus calme, maintenant, petite nerveuse ?

— Je n'étais pas nerveuse, dis-je, hérissée.

— Et cette petite patte fine et raidie, dont je sentais, en voiture, le froid sur mon bras ? Pas nerveuse ? non, c'est moi !

— C'est vous... aussi.

J'ai parlé tout bas, mais le mouvement léger de son bras m'assure qu'il a bien entendu.

Pendant que se joue *Blanchette*, je songe aux doléances — si lointaines déjà — de la petite Aimée de Mademoiselle. Dans le temps où nous commencions à nous aimer, elle me confiait — plus crûment que ne fait cette Blanchette-ci — en quelle aversion épouvantée elle prenait, petite institutrice déjà habituée au relatif bien-être de l'Ecole, la demeure paternelle et toute la maisonnée pauvre, criarde et mal tenue. Elle me contait sans fin ses effrois de chatte frileuse, sur le seuil de la petite classe empestée, dans le courant d'air, où mademoiselle Sergent passait derrière nous jalouse et silencieuse...

Mon voisin, qui semble écouter mes pensées, m'interroge tout bas :

— C'est comme ça, à Montigny?

— C'est comme ça, et bien pis encore!

Il n'insiste pas. Coude à coude, nous nous taisons; je me détends peu à peu contre cette bonne épaule rassurante. Une minute, je lève la tête vers lui, il baisse ses yeux fins sur les miens, et je lui souris de tout mon cœur. Cet homme-là, je l'ai vu cinq fois, je le connais depuis toujours.

Au dernier acte, je m'accoude la première et je laisse une petite place sur le bras de velours du fauteuil. Son coude comprend très bien, et vient trouver le mien. Mon estomac n'est plus du tout serré.

A minuit moins le quart, nous sortons. Le ciel est noir, le vent presque frais.

— S'il vous plaît, Renaud, je ne voudrais pas monter en voiture tout de suite, j'aimerais mieux marcher sur les boulevards, est-ce que vous avez le temps?

— Toute la vie si vous voulez, répond-il en souriant.

Il me tient sous le bras, solidement, et nous marchons du même pas, parce que j'ai les jambes longues. Sous des globes électriques, je nous ai vus passer; Claudine lève aux étoiles une extraordinaire frimousse exaltée et des yeux presque noirs; le vent balaie les moustaches longues de Renaud.

— Parlez-moi de Montigny, Claudine, et de vous.

Mais j'ai fait signe que non. On est bien comme ça. On n'a pas besoin de parler. On marche vite : j'ai les pattes de Fanchette, ce soir; le sol fait tremplin sous mes pas.

Des lumières, des lumières vives, des vitraux coloriés, des buveurs attablés à une terrasse...

— Qu'est-ce que c'est?
— C'est la brasserie Logre.
— Oh! que j'ai soif!
— Je ne demande pas mieux. Mais pas dans cette brasserie...
— Si, ici! Ça brille, ça " rabate ", c'est amusant.
— Mais c'est gendelettreux, cocotteux, bruyant...
— Tant mieux! Je veux boire ici.

Il tire un instant sa moustache, puis ayant esquissé le geste : " Pourquoi pas, après tout ? " il me guide jusqu'à la grande salle. Pas tant de monde qu'il prétendait; malgré la saison, on respire à peu près. Les piliers de faïence verte éveillent en moi des idées de bain et de cruches fraîches.

— Soif! Soif!
— Là, là, c'est bien, on vous fera boire! Quelle enfant redoutable! Il ne ferait pas bon vous refuser un mari, à vous...
— Je le crois, dis-je sans rire.

Nous sommes assis à une petite table contre un pilier. A ma droite, sous un panneau tumultueusement peinturluré de bacchantes nues, une glace m'assure que je n'ai pas d'encre sur la joue, que mon chapeau se tient droit et que mes yeux palpitent au-dessus d'une bouche rouge de soif, peut-être d'un peu de fièvre. Renaud, en face de moi, a les mains agitées et les tempes moites.

Un petit gémissement de convoitise m'échappe, suscité par le parfum en traînée d'un plat d'écrevisses qui passe.

— Des écrevisses aussi? Voilà, voilà! combien?

— Combien? Je n'ai jamais su combien j'en peux manger. Douze d'abord, on verra après.

— Et boire, quoi? de la bière?

Je fais la lippe.

— Du vin? non. Du champagne? De l'asti, moscato spumante?

Je rougis de gourmandise.

— Oh! oui!

J'attends, impatiente, et je regarde entrer plusieurs belles femmes en manteaux de soir légers et pailletés. C'est très joli : des chapeaux fous, des cheveux trop dorés, des bagues... Mon grand ami, à qui je montre chaque arrivante, témoigne une indifférence qui me choque. " Les siennes " sont peut-être plus belles? Je deviens soudain sauvage et noire. Il s'étonne et cite de bons auteurs :

— Quoi? Le vent a tourné? " Hilda, d'où vient ta peine? "

Mais je ne réponds rien.

On apporte l'asti. Pour chasser mon souci et éteindre ma soif, j'avale d'un trait un grand verre. L'homme-à-femmes, en face de moi, s'excuse de mourir de faim et de dévorer du rosbif rouge. L'ardeur musquée et traîtresse du vin d'Asti se propage en chaleur naissante à l'ourlet de mes oreilles, en soif renaissante dans ma gorge. Je tends mon verre et je bois plus lentement, les yeux mi-fermés de délices. Mon ami rit :

— Vous buvez comme on tette. Toute la grâce des animaux est en vous, Claudine.

— Fanchette a un enfant, vous savez.

— Non, je ne sais pas. Il fallait me le montrer! Je parie qu'il est beau comme un astre.

— Plus beau que ça encore... Oh! ces écrevisses! Si vous saviez, Renaud, — chaque fois que je l'appelle Renaud, il lève les yeux sur moi — là-bas, à Montigny, elles sont toutes petites, j'allais les prendre au Gué-Ricard avec mes mains, pieds nus dans l'eau. Celles-ci sont poivrées à miracle.

— Vous ne serez pas malade, vous me le jurez?

— Pardi! Je vais vous dire encore quelque chose, mais quelque chose de grave. Vous ne me trouvez pas extraordinaire ce soir?

Je tends vers lui ma figure que rosit l'Asti; il se penche aussi, me regarde de si près que je distingue les plis fins de ses paupières brunies, et se détourne en répondant :

— Non, pas plus ce soir que les autres jours.

— Engaudre, va! Mon ami, avant-hier, pas plus tard, à onze heures du matin, on m'a de-man-dée en ma-ria-ge.

— Sacrr... quel est l'idiot...?

Ravie de l'effet, je ris en gammes ascendantes, tout haut, et je m'arrête soudain parce que des soupeurs ont entendu et tourné la tête vers nous. Renaud n'est pas enchanté.

— C'est malin de me faire monter à l'arbre!... Au fond, je n'en ai pas cru un mot, vous savez.

— Je ne peux pourtant pas cracher, mais je vous en donne ma parole d'honneur, on m'a demandée!

— Qui?

Voilà un " qui " dénué de bienveillance.

— Un jeune homme fort bien, M. Maria, secrétaire de papa.

— Vous l'avez refusé... naturellement?

— Je l'ai refusé... naturellement.

Il se verse un grand verre de cet asti qu'il n'aime pas du tout et se passe la main dans les cheveux. Pour moi, qui ne bois jamais que de l'eau à la maison, je constate des phénomènes inouïs : un treillis léger et vaporeux monte de la table, nimbe les lustres, recule les objets et les rapproche tour à tour. Au moment où je songe à m'analyser, une voix connue crie du seuil de la salle :

— Kellner! Que s'avancent par vos soins la choucroute garnie, mère du pyrosis, et ce coco fadasse mais salicylé que votre imprudence dénomme ici bière de Munich. Velours liquide, chevelure débordante et parfumée des Rheintöchter, pardonne-leur, ils ne savent pas ce qu'ils boivent! " Weia, waga, waga la weia... "

C'est Maugis, lyrique et suant, qui wagnérise, le gilet ouvert, le tube à bords plats sur l'occiput. Il remorque trois amis. Renaud ne retient pas un geste d'extrême contrariété, et se tire la moustache en grognant quelque chose.

Maugis, près de nous, cesse brusquement de se gargariser avec le *Rheingold*, arrondit ses yeux saillants, hésite, lève la main, et passe sans saluer.

— Là! rage tout bas Renaud.

— Quoi donc?

— C'est votre faute, mon petit, c'est la mienne surtout. Vous n'êtes pas à votre place, ici, seule avec moi. Cet imbécile de Maugis... tout le monde aurait fait comme lui. Croyez-vous utile de donner à mal penser de vous, et de moi?

D'abord refroidie par ses yeux soucieux et mécontents, je me ragaillardis dans le même instant.

— C'est pour ça? non, c'est pour ça que vous faites tout ce " raffut ", et cet aria de sourcils froncés et de morale? Mais je vous demande ce que ça peut bien me faire? Donnez-moi à boire, sivousplaît.

— Vous ne comprenez pas! Je n'ai pas pour habitude de sortir les petites filles honnêtes, moi. Jolie comme vous êtes, seule avec moi, que voulez-vous qu'on suppose?

— Et puis après?

Mon sourire ivre, mes yeux qui chavirent l'éclairent brusquement.

— Claudine! ne seriez-vous pas un peu... gaie, par hasard? Vous buvez sec, ce soir, est-ce que chez vous?...

— Chez moi, je sable l'eau d'Évian, réponds-je, aimable et rassurante.

— Patatras! nous voilà propres, qu'est-ce que je vais dire à votre père?

— Il fait dodo.

— Claudine, ne buvez plus, donnez-moi ce verre plein, tout de suite!

— Voulez-vous une tape?

Ayant garé mon verre de ses mains prudentes, je bois, et je m'écoute être heureuse. Cela ne va pas sans quelque trouble. Les lustres se nimbent de plus en plus comme la lune quand il pleuvra. " La lune boit " qu'on disait là-bas. Peut-être que c'est signe de pluie à Paris quand les lustres boivent... C'est toi, Claudine, qui as bu. Trois grands verres d'asti, petite " arnie "! Comme c'est bon!... Les oreilles font *pch*, *pch*... Les deux gros messieurs qui mangent, à deux tables de nous, existent-ils réellement? Ils se rapprochent, sans bouger; en étendant la main, je parie que je les touche... Non, les voilà très loin. D'ailleurs, ça manque d'air entre les objets : les lustres collés au plafond, les tables collées au mur, les gros messieurs collés sur le fond clair des manteaux pailletés assis plus loin. Je m'écrie :

— Je comprends! Tout est en perspective japonaise!

Renaud lève un bras désolé, puis s'essuie le front. Dans la glace de droite, quelle drôle de Claudine, avec ses cheveux en plumes soufflées, ses yeux longs envahis de délice trouble, et sa bouche mouillée! C'est l'autre Claudine, celle qui est " hors d'état " comme on dit chez nous. Et, en face d'elle, ce monsieur à reflets d'argent qui la regarde, qui la regarde, qui ne regarde qu'elle et ne mange plus. Oh, je sais bien! Ce n'est pas l'asti, ce n'est pas le poivre des écrevisses, c'est cette présence-là, c'est ce regard presque noir aux lumières qui ont enivré la petite fille...

Tout à fait dédoublée, je me vois agir, je m'entends parler, avec une voix qui m'arrive d'un peu loin, et la sage Claudine, enchaînée, reculée dans une chambre de verre, écoute jaser la folle Claudine et ne peut rien pour elle. Elle ne peut rien; elle ne veut rien non plus. La cheminée dont je redoutais l'écroulement, elle est tombée à grand fracas, et la poussière de sa chute fait un halo d'or autour des poires électriques. Assiste, Claudine sage, et ne remue pas! La Claudine folle suit sa voie, avec l'infaillibilité des fous et des aveugles...

Claudine regarde Renaud; elle bat des cils, éblouie.

Résigné, entraîné, aspiré dans le sillage, il se tait, et la regarde avec plus de chagrin encore, on dirait, que de plaisir. Elle éclate :

— Oh, que je suis bien! Oh, vous qui ne vouliez pas venir! Ah! ah! quand je veux... N'est-ce pas, on ne s'en ira plus jamais d'ici? Si vous saviez... je vous ai obéi, l'autre jour, moi, Claudine, — je n'ai jamais obéi qu'exprès, avant vous... mais obéir, malgré soi, pendant qu'on a mal et bon dans les genoux — oh! c'est donc ça que Luce aimait tant être battue, vous savez, Luce? Je l'ai tant battue, sans savoir qu'elle avait raison, elle se roulait la tête sur le bord de la fenêtre, là où le bois est usé parce que, pendant les récréations, on y fend des cornuelles... Vous savez aussi ce que c'est, des cornuelles? Un jour, j'ai voulu en pêcher moi-même, dans l'étang des Barres, et j'ai pris les fièvres, j'avais douze ans et mes beaux cheveux... Vous m'aimeriez mieux, pas, avec mes cheveux longs?... J'ai des "fremis" au bout des doigts, toute une "fremilloire".
— Sentez-vous? Un parfum d'absinthe? Le gros monsieur en a versé dans son champagne. A l'École, on mangeait des sucres d'orge verts à l'absinthe; c'était très bien porté de les sucer longtemps, en les affûtant en pointe aiguë. La grande Anaïs était si gourmande, et si patiente, elle les appointissait mieux que tout le monde, et les petites venaient lui apporter leurs sucres d'orge. "Fais-le-moi pointu!" qu'elles disaient. C'est sale, pas? J'ai rêvé de vous. Voilà ce que je ne voulais

pas vous avouer. Un méchant rêve trop bon... Mais maintenant que me voilà *ailleurs*, je peux bien vous le dire...

— Claudine! supplie-t-il, tout bas...

La Claudine folle, tendue vers lui, ses deux mains à plat sur la nappe, le contemple. Elle a des yeux éperdus et sans secrets; une boucle de cheveux, légère, lui chatouille le sourcil droit. Elle parle comme un vase déborde, elle, la silencieuse et la fermée. Elle le voit rougir et pâlir, et respirer vite, et trouve cela tout naturel. Mais pourquoi ne paraît-il pas, autant qu'elle, extasié, délivré? Elle se pose vaguement cette question floue, et se répond tout haut, avec un soupir :

— Maintenant, il ne pourrait plus m'arriver rien de triste.

Renaud fait signe au maître d'hôtel avec la véhémence d'un homme qui se dit que " ça ne peut pas durer ainsi ".

Claudine divague, les pommettes chaudes, en broutant ses roses thé :

— Comme vous êtes bête.

— Oui?

— Oui. Vous avez menti. Vous avez empêché Marcel de venir ce soir.

— Non, Claudine.

Ce " non " très doux la saisit et l'éteint un peu. Elle se laisse, petite somnambule, mettre debout et entraîner vers la sortie. Seulement, le parquet mollit comme de l'asphalte encore chaude... Renaud n'a que le temps de l'empoigner par un coude, et il la guide, et il la porte presque dans le fiacre à capote baissée, où il s'assied près d'elle. La voiture file. La tête bourdonnante et presque sans pensées, Claudine s'appuie contre l'épaule secourable. Il s'inquiète :

— Vous avez mal?

Pas de réponse.

— Non. Mais tenez-moi, parce que je nage. Tout nage, d'ailleurs. Vous aussi, vous nagez, pas?

Il lui enveloppe la taille de son bras, en soupirant d'anxiété. Elle appuie sa tête contre lui, mais son chapeau la gêne. Elle le retire d'une main incertaine et le pose sur ses genoux, puis elle penche à nouveau sa tête sur la bonne épaule, avec la sécurité de quelqu'un qui atteint enfin le but d'une longue marche. Et la Claudine sage, assiste, enregistre, se rapproche par instants... La belle avance! Elle est presque aussi démente, cette Claudine sage, que l'autre.

Son compagnon, son ami aimé, n'a pu s'empêcher d'étreindre ce petit torse abandonné... Ressaisi, il la secoue doucement :

— Claudine, Claudine, songez que nous approchons... Monterez-vous l'escalier sans encombre?

— Quel escalier?

— Celui de la rue Jacob, le vôtre.

— Vous allez me quitter?

Elle s'est redressée, raidie comme une couleuvre,

et, nu-tête, en désordre, l'interroge de tout son visage bouleversé.

— Mais voyons, mon petit... revenez à vous. Nous sommes idiots, ce soir. Tout ceci arrive par ma faute...

— Vous allez me quitter! crie-t-elle sans souci du cocher au dos attentif. Où voulez-vous que j'aille? C'est vous que je veux suivre, c'est vous

Ses yeux rougissent, sa bouche se serre, elle crie presque.

— Oh! je sais, allez, je sais pourquoi. Vous allez chez *vos* femmes, celles que vous aimez. Marcel m'a dit que vous en aviez au moins six! Elles ne vous aiment pas, elles sont vieilles, elles vous quitteront, elles sont laides! Vous irez coucher avec elles, toutes! Et vous les embrasserez, vous les embrasserez sur la bouche, même! Et moi, qui m'embrassera? Oh! pourquoi ne voulez-vous pas de moi pour votre fille, au moins? J'aurais dû être votre fille, être votre amie, être votre femme, tout, tout!...

Elle se jette à son cou et s'y cramponne, en larmes, sanglotant.

— Il n'y a que vous dans le monde, que vous, et vous me laissez!

Renaud l'enveloppe toute, et sa bouche fourrage la nuque bouclée, le cou tiède, les joues salées de pleurs.

— Vous quitter, cher parfum!...

Elle s'est tue soudain, lève sa figure mouillée et le

regarde avec une attention extraordinaire. Il est haletant et pâli, jeune sous ses cheveux argentés; Claudine sent trembler les muscles de ses grands bras autour d'elle. Il se penche sur la bouche chaude de la petite fille qui se cabre et se cambre, pour s'offrir ou pour résister, elle n'en sait rien au juste... Le brusque arrêt de la voiture contre le trottoir les sépare, ivres, graves et tremblants.

— Adieu, Claudine.

— Adieu...

— Je ne monte pas avec vous; j'allume votre bougeoir. Vous avez la clef?

— La clef, oui.

— Je ne peux pas venir vous voir demain; c'est aujourd'hui demain; je viendrai après-demain, sûrement à quatre heures.

— A quatre heures.

Docile, elle se laisse baiser la main longtemps, respire, pendant qu'il est penché, l'odeur légère de tabac blond qu'il porte avec lui, monte, rêveuse éveillée, les trois étages, et se couche, la folle Claudine, rejointe — il est bien temps — par la sage Claudine dans son lit bateau. Mais la Claudine sage s'efface timidement, admirative et respectueuse, devant l'autre, qui est allée droit où le Destin la poussait, sans se retourner, comme une conquérante ou une condamnée.

Mal. Mal partout. Mal délicieux d'une qu'on a rouée de coups ou de caresses. Les mollets tremblants, les mains froides, la nuque engourdie. Et mon cœur se hâte, tâche d'égaler en vitesse le tic-tac de ma petite montre... puis s'arrête et repart en faisant *Poum!* Alors, c'est le vrai amour, le vrai? Oui, puisque nulle place ne m'est douce, hors son épaule, où nichée, mes lèvres touchaient presque son cou : puisque je souris de pitié quand j'approche, en pensée, les joues délicates de Marcel des tempes froissées de Renaud. Grâce à Dieu, non! il n'est pas jeune. A cause de ce noble père, plutôt lunatique, qui est le mien, j'ai besoin d'un papa, j'ai besoin d'un ami, d'un amant... Dieu! d'un amant!... C'est bien la peine d'avoir tant lu et d'avoir fanfaronné ma science amoureuse — toute théorique — pour que ce seul mot, traversant ma cervelle, me fasse serrer les dents et crisper les doigts de pieds... Que faire en sa présence si je ne puis m'empêcher de penser?... il le verra, il y pensera aussi... Au secours, au secours!... Je meurs de soif.

La fenêtre ouverte et l'eau du broc m'aident un

peu. Ma bougie brûle toujours, sur la cheminée, et je suis stupéfaite devant la glace, que ça ne se voie pas davantage. A quatre heures, au grand jour, je m'endors exténuée.

— As-tu faim, ma guéline? Ton chocolat t'attend depuis sept heures et demie, et il en est neuf at'taleure... Oh! c'te tête!
— Qu'est-ce que j'ai?
— On m'a changé ma nourrissonne!

Son sûr flair d'appareilleuse tourne autour de ma fatigue, inspecte les plumes froissées de mon chapeau jeté sur le fauteuil, se réjouit de ma migraine... Elle m'agace.

— As-tu fini de peser tes seins comme des melons? Lequel est le plus mûr?

Mais elle rit tout bas et s'en va dans sa cuisine en chantant une de ses plus impossibles chansons.

> Les fill's de Montigny
> Sont chaud's comme la braise.
> Pour sûr qu'a sont ben aise
> Quand on...

Il faut s'en tenir à cette brève citation.

Ce qui m'a réveillée, moi, c'est la terreur d'avoir seulement rêvé toute cette impossible nuit.

C'est donc ainsi qu'arrivent les grandes choses?

Bénis soient l'asti, et le poivre des écrevisses! Sans eux j'aurais certainement manqué de courage.

J'aurais manqué de courage, ce soir-là, oui, mais un autre soir, mon cœur aurait fait *bardadô* tout de même. Mais n'est-ce pas qu'il m'aime? N'est-ce pas qu'il était pâle, et qu'il perdait la tête comme une simple Claudine, sans ce malencontreux... ce bienheureux... non, je dis bien, sans ce malencontreux trottoir de la rue Jacob, où la roue du fiacre est venue se coincer?... Jamais un homme ne m'a embrassée sur la bouche. La sienne est étroite et vive, avec une lèvre d'en bas ronde et ferme. Oh! Claudine, Claudine, comme tu redeviens enfant en te sentant devenir femme! J'ai évoqué sa bouche, l'affolement de ses yeux assombris, et une détresse délicieuse m'a fait joindre les mains...

D'autres idées m'assaillent, auxquelles je voudrais bien ne pas m'arrêter en ce moment.

"Pour sûr que ça fait mal!" chantonne la voix de Luce. Mais non, mais non : elle a couché avec un pourceau, ça ne prouve rien! Et d'ailleurs, qu'importe? Ce qu'il faut, c'est qu'il soit là tout le temps, que la chère place de son épaule me soit tiède et prête à toutes les heures, et que ses grands bras m'abritent toute en se fermant sur moi... Ma liberté me pèse, mon indépendance m'excède; ce que je cherche depuis des mois, — depuis plus longtemps — c'était, sans m'en douter, un maître. Les femmes libres ne sont

pas des femmes. Il sait tout ce que j'ignore; il méprise
un peu tout ce que je sais; il me dira : " Ma petite
bête! " et me caressera les cheveux...

Je chevauche si bien mon rêve que, pour me hausser
jusqu'à la main de mon ami, j'ai baissé le front et
dressé mes pieds sur leurs pointes, comme Fanchette
quêtant le grattement de mes ongles sur son petit
crâne plat. " Toute la grâce des animaux est en vous,
Claudine... " L'heure du déjeuner me surprend, attentive et penchée sur une glace ronde, pour deviner, les
cheveux rebroussés sur les tempes, s'il aimera mes
oreilles pointues.

Vite rassasiée de marmelade d'oranges et de frites,
je laisse papa devant son café où, chaque jour, il laisse
tomber, méthodique, sept morceaux de sucre et un
soupçon de cendre de pipe. Et je m'abandonne à un
désespoir aigu, en songeant que j'ai vingt-sept heures
à attendre! Lire? Je ne peux pas, je ne peux pas.
Des cheveux d'argent blond balaient les pages du
livre. Et sortir non plus; les rues grouillent d'hommes
qui ne s'appellent pas Renaud, et qui me regarderaient
l'air avantageux, sans savoir, les imbéciles!

Une boulette d'étoffe roulée en tampon dans mon
crapaud m'arrache un sourire. C'est une de mes petites
chemises... commencée il y a longtemps! Il faut
coudre. Claudine aura besoin de chemises. Est-ce que
Renaud aimera celle-là? Blanche et légère avec une
mignonne dentelle, et des épaulettes en ruban blanc...

Les soirs où je m'apprécie particulièrement, je me contemple en chemise dans la glace longue, petite madame Sans-Gêne avec des frisons sur le nez. Renaud ne peut pas me trouver vilaine. Ah! mon Dieu, je serais si près, trop près de lui, rien qu'avec une mince chemise. Mes mains agitées cousent de travers, et j'entends cocassement la voix lointaine de la favorite, la voix fluette de la petite Aimée de Mademoiselle, aux leçons de couture : "Claudine, je vous en prie, soignez vos ourlets à point devant, vous ne les perlez pas. Regardez ceux d'Anaïs ! "

On a sonné. Sans souffle et le cœur arrêté, j'écoute, le dé en l'air. C'est lui, c'est lui, il n'a pas pu attendre ! Au moment où je vais me lever et courir, Mélie frappe, et introduit Marcel.

La stupeur me tient assise. Marcel? En voilà un que j'avais oublié ! Depuis plusieurs heures, il était mort. Quoi, c'est Marcel ! Pourquoi lui, et pas l'autre?

Souple et silencieux, il m'a baisé la main, et s'est assis sur la petite chaise. Je le regarde d'un air ahuri. Il est pâlot, très joli, toujours un peu poupée. Un garçonnet en sucre.

Agacé de mon silence, il me presse :

— Eh bien, eh bien?
— Eh bien, quoi?
— C'était gai, hier soir? Qu'est-ce qu'*on* vous a dit pour expliquer mon absence?

Je délie avec effort ma langue :

— Il m'a dit que vous portiez une cravate inadmissible.

Comme il est bête, ce petit! Il ne voit donc pas le miracle? Ça crève les yeux, il me semble. Pourtant, je ne me presse guère de l'éclairer. Il éclate d'un rire aigu; je tressaille.

— Ah! ah!... une cravate inadmissible! oui, toute la vérité tient dans ces trois mots. Que pensez-vous de l'histoire? Vous la connaissez, ma cravate de crêpe de Chine? c'est Charlie qui me l'a donnée.

— Je pense, dis-je en toute sincérité, que vous avez bien fait de ne pas changer de cravate. Je la trouve exquise.

— N'est-ce pas? Une idée charmante, ce drapé épinglé de perles! J'étais sûr de votre goût, Claudinette. N'empêche, ajoute-t-il avec un soupir poli, que mon aimable père m'a privé de cette soirée avec vous. Je vous aurais ramenée, je guignais déjà le bon petit moment en voiture...

D'où sort-il, mais d'où sort-il?? Ça fait pitié, un tel aveuglement! Il a dû entendre hier soir des paroles pénibles, car, en y songeant, sa figure a durci et sa bouche devient mince.

— Racontez, Claudine. Mon cher père fut exquis et spirituel à son ordinaire? Il ne vous a pas traitée, comme moi, de " petite ordure " et " d'enfant sale "? Dieu, gronde-t-il, allumé de rancune, quel goujat, quel...

— Non !

Je l'ai interrompu avec une violence qui m'a mise debout devant lui.

Immobile, il me regarde, pâlit, comprend, et se lève aussi. Un silence, pendant lequel j'entends le ronron de Fanchette, le tic-tac de ma petite montre, la respiration de Marcel, et mon cœur qui cogne. Un silence qui dure peut-être deux minutes pleines...

— Vous aussi? dit-il enfin d'une voix narquoise. Je croyais que papa ne donnait pas dans la jeune fille... D'habitude, il est pour femmes mariées, ou pour grues.

Je ne dis rien, je ne peux parler.

— Et... c'est récent? D'hier soir, peut-être? Remerciez-moi, Claudine, c'est grâce à ma cravate que ce bonheur vous est échu.

Son nez fin, pincé, est aussi blanc que ses dents. Je ne dis toujours rien, quelque chose m'empêche...

Debout derrière la chaise qui nous sépare, il me nargue. Les mains pendantes, la tête baissée, je le regarde en dessous ; la dentelle de mon petit tablier s'agite au battement de mon cœur. Le silence retombe, interminable. Tout à coup, il reprend lentement, d'une voix singulière :

— Je vous ai toujours crue très intelligente, Claudine. Et ce que vous faites aujourd'hui augmente l'estime que je ressens pour votre... adresse.

Stupéfaite, je lève la tête.

— Vous êtes une fille remarquable, je le répète, Claudine. Et je vous félicite... sans arrière-pensée... C'est un joli travail.

Je ne comprends pas. Mais j'écarte doucement la chaise qui nous sépare. J'ai une vague idée qu'elle me gênera tout à l'heure!

— Mais oui, mais oui, vous savez bien ce que je veux dire. Eh! eh! quoiqu'il ait croqué pas mal d'argent, papa est encore ce qu'on appelle dans son monde, un joli chopin...

Plus vive qu'une guêpe, j'ai jeté tous mes ongles dans sa figure : depuis une minute, je visais ses yeux. Avec un cri clair, il se renverse en arrière, les mains au visage, puis, retrouvant l'équilibre, il se rue vers la glace de la cheminée. La paupière d'en dessous, déchirée, saigne; un peu de sang tache déjà le revers du veston. Dans un état d'exaltation folle, je m'entends pousser d'involontaires petits cris sourds. Il se retourne, hors de lui : je crois qu'il veut saisir une arme et je fouille fébrilement dans mon sac à ouvrage. Mes ciseaux, mes ciseaux!... Mais il ne songe même pas a me battre et me pousse de côté, courant au cabinet, pour tremper son mouchoir dans l'eau... Il se penche déjà au-dessus de ma cuvette; cet aplomb! Je suis sur lui en un clin d'œil, j'empoigne par les deux oreilles sa tête inclinée et je le rejette dans la chambre en lui criant d'une voix enrouée que je ne me connaissais pas :

— Non, non, pas ici! File te faire panser chez Charlie!

Le mouchoir sur l'œil, il ramasse son chapeau, oublie ses gants et sort, je lui ouvre toutes les portes, et j'écoute dans l'escalier son pas trébuchant. Puis je rentre dans ma chambre et je reste là, debout, sans penser à rien, pendant je ne sais pas combien de temps. La lassitude de mes jambes me force à m'asseoir. Ce geste remet en marche ma machine à penser, et je croule. De l'argent! De l'argent! Il a osé dire que je voulais de l'argent! C'est égal, un beau coup de griffe que j'ai donné là, ce petit morceau de peau qui pendait... J'ai raté l'œil de moins d'un centimètre, ma foi. Le lâche, qui ne m'a pas assommée! Pouah! lavette, va... De l'argent! de l'argent! Qu'est-ce que j'en ferais donc? j'en ai bien assez pour Fanchette et moi. O cher Renaud, je lui dirai tout et je me blottirai et sa tendresse me sera si douce que j'en pleurerai...

Ce petit que j'ai griffé, c'est la jalousie qui le rongeait; sale petite âme de fille!

Tout à coup je comprends, et les tempes me font mal; c'est *son* argent, l'argent de Marcel, que je prendrai si je deviens la femme de Renaud; c'est pour *son* argent qu'il tremble! Et comment l'empêcher, ce sec enfant, de croire à la cupidité de Claudine? Il ne serait pas le seul à y croire, et il dira, et ils diront à Renaud que la petite se vend, qu'elle a enjôlé le pauvre homme qui passe l'âge dangereux de la quarantaine... Que faire? que faire? Je veux voir Renaud, je ne veux pas de l'argent de Marcel, mais je veux Renaud quand même. Si je demandais secours à papa? Hélas!... j'ai si mal à la tête... O ma douce, chère place, sur son épaule, y renoncerai-je? Non! Je ferai tout sauter plutôt! J'attacherai ce Marcel ici dans ma chambre et je le tuerai. Et après je dirai aux gardiens de la paix qu'il me voulait du mal et que je l'ai tué en me défendant. Voilà!

Jusqu'à l'heure où Fanchette me réveille en miaulant qu'elle a faim, je reste accroupie sur le fauteuil crapaud, deux doigts sur les yeux, deux doigts dans les oreilles, envahie de rêves sauvages, de désolations et de tendresse...

— Dîner? Non, je ne dîne pas. J'ai la migraine. Fais-moi de la limonade fraîche, Mélie, je meurs de soif. Je vais me coucher.

Papa inquiet, Mélie anxieuse, tournent autour de mon lit jusqu'à neuf heures; n'y tenant plus, je les supplie :

— Allez-vous-en, je suis si lasse.

La lampe éteinte, j'entends dans la cour les bonnes qui claquent les portes et lavent leur vaisselle... Il me faut Renaud! Que n'ai-je télégraphié chez lui, tout de suite? Il est trop tard. Demain ne viendra jamais. Mon ami, ma chère vie, celui à qui je me confierai comme à un papa chéri, celui auprès de qui je me sens tour à tour angoissée et honteuse, comme si j'étais sa maîtresse — puis épanouie et sans pudeur, comme s'il m'avait bercée petite fille dans ses bras...

Après des heures de fièvre, de martèlements douloureux, d'appels silencieux à quelqu'un qui est trop loin et n'entend pas, vers les trois heures du matin mes pensées affolées s'éclairent, reculent en cercle, tout autour, enfin, de l'Idée... Elle est venue avec l'aube, l'Idée, avec l'éveil des moineaux, avec la fraîcheur fugitive qui précède la journée d'été. Émerveillée devant Elle, je me tiens immobile sur le dos, les yeux grands ouverts dans mon lit. Que c'était simple, et que de chagrin inutile! J'aurai les yeux battus et les joues tirées quand Renaud viendra. Et il ne fallait trouver que cela!

Je ne veux pas que Marcel pense : " Claudine vise mon argent. " Je ne veux pas dire à Renaud : " Allez-vous-en et ne m'aimez plus. " O Dieu! ce n'est pas cela que je veux lui dire! Mais je ne veux pas non plus être sa femme, et pour tranquilliser ma conscience irritable, eh bien! — je serai sa maîtresse.

Ranimée, rafraîchie, je dors maintenant comme un sac, à plat ventre, la figure cachée dans mes bras croisés. La voix déclamatoire de mon vieux mendiant classique m'éveille, détendue et étonnée. Déjà dix heures! " Mélie! jette quat' sous au vieux! "

Mélie n'entend pas. Je passe mon peignoir et cours

à la fenêtre du salon, nu-pattes, coiffée comme une chicorée. " Vieux, voilà dix sous. Gardez la monnaie. " Quelle belle barbe blanche! Il possède sans doute une maison de campagne et des terres, comme la plupart des pauvres de Paris. Tant mieux pour lui. Et comme je m'en retourne à ma chambre, je croise M. Maria qui arrive, et qui s'arrête, ébloui de mon déshabillé matinal.

— Monsieur Maria, est-ce que vous ne croyez pas que c'est aujourd'hui la fin du monde?

— Hélas! non, Mademoiselle.

— Moi, je crois que si. Vous verrez.

Assise dans mon cuveau d'eau tiède, je m'étudie et m'attarde minutieusement. Ce duvet-là, ça ne compte pas comme poil sur les jambes, au moins? Dame, les bouts de mes nichettes ne sont pas si roses que ceux de Luce, mais j'ai les jambes plus longues et plus belles, et les reins à fossettes; c'est pas un Rubens, non, mais je ne tiens pas au genre " belle-bouchère " — Renaud non plus.

Ce nom de Renaud presque prononcé pendant que je ne me sens vêtue que d'un cuveau de hêtre, m'intimide considérablement. Onze heures. Encore cinq heures à attendre. Ça va bien. Brossons, brossons les boucles, brossons les dents, brossons les ongles! Faut que tout reluise, bon sang! Des bas fins, une chemise neuve, un pantalon assorti, mon corset rose, mon jupon pékiné à petites raies qui fait *hui, hui* quand je remue...

Gaie comme à l'École, active et tumultueuse, je m'amuse tout plein, pour m'empêcher de penser trop à ce qui pourra se passer... Dame, puisque c'est aujourd'hui que je me donne, il peut bien me prendre aujourd'hui s'il veut, tout ça est à lui... Mais j'espère qu'il ne voudra pas si vite, mon Dieu, si brusquement... Ça ne lui ressemblerait guère. Je compte sur lui, mais oui, beaucoup plus que sur moi. Moi, comme on dit à Montigny, j'ai perdu mon " gouvernement ".

L'après-midi est dur à passer quand même. Il ne peut pas ne pas venir. A trois heures, je joue les panthères en cage, et mes oreilles deviennent longues...

A quatre heures moins vingt, un coup de sonnette très faible. Mais je ne m'y trompe pas, c'est bien lui. Debout, adossée au pied du lit, je cesse d'exister. La porte s'ouvre et se referme derrière Renaud. Tête nue, il semble un peu maigri. Sa moustache tremble imperceptiblement, et ses yeux brillent bleu dans la pénombre. Je ne bouge pas, je ne dis rien. Il a grandi. Il a pâli. Il est bistré, fatigué, superbe. Encore près de la porte, sans avancer dans la chambre, il parle très bas.

— Bonjour, Claudine.

Tirée à lui par le son de sa voix, je viens, je tends mes deux mains. Il les baise toutes deux, mais il les laisse retomber.

— Vous m'en voulez, petite amie?

Je hausse ineffablement les épaules. Je m'assieds dans le fauteuil. Il s'assied sur la chaise basse, et je me rapproche vite de lui, prête à me blottir. Méchant! Il ne paraît pas comprendre. Il parle presque bas, comme s'il avait peur...

— Ma chère petite affolée, vous m'avez dit hier mille choses que le sommeil et le matin auront emportées... Attendez un peu, ne me regardez pas trop, chers yeux de Claudine que je n'oublierai jamais et qui me furent trop doux... Je me suis battu cette nuit, et la fin de l'autre nuit, contre un grand espoir fou et ridicule... Je n'ai plus su que j'avais quarante ans, continue-t-il avec effort, mais j'ai songé que vous vous en souviendriez, vous, sinon aujourd'hui, sinon demain, du moins dans peu de temps... Ma cherie aux yeux trop tendres, mon petit pâtre bouclé, dit-il plus bas encore — car sa gorge se serre et ses yeux deviennent humides — ne me tentez plus. Hélas! je suis un pauvre homme émerveillé, envahi de vous; défendez-vous, Claudine... Mon Dieu, c'est monstrueux; pour les autres, vous pourriez être ma fille...

— Mais je suis aussi votre fille! (je lui tends les bras.) Vous ne sentez donc pas que je suis votre fille? Je l'ai été tout de suite, j'ai été, dès les premières fois, votre enfant obéissante et étonnée, — bien plus étonnée encore, un peu plus tard, de sentir que lui venaient ensemble tant de choses, un père, un ami, un maître, un amoureux! Oh! ne protestez pas, ne m'empêchez pas, laissez-moi dire aussi un amoureux.

Un amoureux, ça se trouve tous les jours, mais quelqu'un qui est *tout* ensemble, et qui vous laissera orpheline et veuve, et sans ami, s'il vous laisse, est-ce que ce n'est pas un miracle sans pareil? C'est vous le miracle... je vous adore!

Il baisse les yeux, mais trop tard. Une larme roule sur sa moustache. Éperdue, je me suspends à lui.

— Avez-vous du chagrin? Est-ce que je vous ai peiné sans savoir?

Les grands bras attendus m'enserrent enfin, les yeux bleu noir mouillés m'éclairent.

— O petite inespérée! Ne me laissez pas le temps d'avoir honte de ce que je fais! Je vous garde, je ne puis que vous garder, petit corps qui êtes pour moi tout ce que le monde a fait fleurir de plus beau... Est-ce qu'avec vous je serai jamais vieux tout à fait? Si vous saviez, mon oiseau chéri, comme ma tendresse est exclusive, comme ma jalousie est jeune, et quel mari intolérable je serai!...

Un mari? C'est vrai, il ne sait pas! Réveillée, arrachée de ma chère place où je colle une bouche furtive, je dénoue brusquement ses bras :

— Non, pas mon mari.

Il me regarde, les yeux ivres et tendres, et garde ses bras ouverts.

— C'est très sérieux. Je devais vous le dire tout de suite. Mais... vous me chavirez en entrant, et puis je vous avais tant attendu, je ne savais plus rien dire... Asseyez-vous là. Ne me tenez pas la taille — ni le bras

— ni la main — je vous en prie. Il faudrait presque ne pas me regarder, Renaud.

Assise dans le petit crapaud, j'éloigne de mes bras tendus, avec toute la conviction qui me reste, ses mains chercheuses. Il s'assied tout près, tout près, sur la chaise bretonne.

— Marcel est venu hier après-midi. Oui. Il m'a demandé de lui raconter la soirée d'avant-hier — comme si ça se racontait, Renaud! — Il m'a conté, lui aussi, l'histoire de la cravate. Il a dit de vous un mot qu'il ne devait pas dire.

— Ah! gronde Renaud. J'ai l'habitude.

— Il a su, alors, que je vous aimais. Et il m'a fait des compliments de mon adresse! Il paraît que vous êtes encore assez riche, et qu'en devenant votre femme, c'est sa fortune à lui Marcel, que j'escamote à mon profit...

Renaud s'est levé. Ses narines remuent de la plus mauvaise façon; je me hâte de conclure.

— Alors, je ne veux pas vous épouser...

Le soupir tremblé que j'entends me presse d'achever.

— ... mais je veux être votre maîtresse.

— Oh! Claudine!

— Quoi, Claudine?

Il me contemple, les bras tombés, avec de tels yeux d'admiration et de détresse que je ne sais plus que penser. Moi qui m'attendais à un triomphe, à l'étreinte folle, à l'acquiescement peut-être trop vif...

— Est-ce que ce n'est pas bien ainsi? Pensez-vous que, jamais, je voudrais laisser supposer que je ne vous aime pas mieux que tout? J'ai de l'argent, moi aussi. J'ai cent cinquante mille francs. Ah? Qu'est-ce que vous dites de ça? Je n'ai pas besoin de l'argent de Marcel.

— Claudine...

— Je dois tout vous avouer, dis-je, en me rapprochant, caressante. Je l'ai grafigné, Marcel. Je... je lui ai enlevé un petit morceau de joue, et je l'ai mis dans l'escalier.

Je me lève et m'anime à ce souvenir, et mes gestes de guerrière lui arrachent un sourire sous sa moustache. Mais qu'attend-il? Qu'attend-il pour m'accepter? Il ne comprend donc pas?

— Alors... alors voilà, dis-je d'une voix qui s'embarrasse. Je veux être votre maîtresse. Ce ne sera pas difficile; vous savez quelle liberté on me laisse : toute cette liberté-là, je vous la donne, je voudrais vous donner toute ma vie... Mais vous avez des affaires dehors. Quand vous serez libre, vous viendrez ici, et j'irai aussi chez vous... chez vous! Vous ne la trouverez plus trop gravure dix-huitième siècle, votre maison, pour une Claudine qui sera toute à vous?

Mes jambes tremblant un peu, je me suis rassise. Il se laisse tomber sur ses genoux, sa figure à la hauteur de la mienne; il m'arrête de parler, en posant, une seconde à peine, sans appuyer, sa bouche sur la mienne... il la retire, hélas, au moment où le baiser commence à m'éblouir... Ses bras autour de moi, il parle d'une voix mal sûre.

— O Claudine! Petite fille renseignée par les mauvais livres, qu'y a-t-il dans le monde d'aussi pur que vous? Non, ma chérie, mon délice, je ne vous laisserai pas accomplir cette prodigalité démente! Si je vous prends, ce sera pour tout de bon, pour tout le temps; et devant tout le monde, banalement, honnêtement, je vous épouserai.

— Non, vous ne m'épouserez pas!...

Il me faut du courage, car, lorsqu'il m'appelle " ma chérie, mon délice ", tout mon sang s'en va et mes os deviennent mous.

— Je serai votre maîtresse, ou rien.

— Ma femme, ou rien!

Saisie, à la fin, de l'étrangeté de ce débat, je pars d'un rire nerveux. Et, comme je ris bouche ouverte, tête en arrière, je le vois penché sur moi, si angoissé de désir que je tremble, puis je tends les bras, bravement, croyant qu'il m'accepte...

Mais il secoue la tête et dit, étranglé :

— Non!

Que faire? Je joins les mains; je supplie; je lui tends ma bouche, les yeux demi-fermés. Il répète encore, suffoqué :

— Non! ma femme ou rien.

Je me lève, égarée, impuissante.

Pendant ce temps, Renaud, comme illuminé, a

gagné la porte du salon. Il touche déjà la porte du cabinet de travail, quand je devine... Le misérable! Il va demander ma main à papa!

Sans oser crier, je me suspends à son bras, je l'implore tout bas :

— Oh! si vous m'aimez, ne le faites pas! Grâce, tout ce que vous voudrez... Voulez-vous Claudine tout de suite? Ne demandez rien à papa, attendez quelques jours... Songez, c'est odieux, cette histoire d'argent! Marcel est venimeux, il le dira partout, il dira que je vous ai séduit de force... Je vous aime, je vous aime...

Lâchement, il m'a enveloppée, et me baise lentement les joues, les yeux, les cheveux, sous l'oreille, là où ça fait tressaillir... Que puis-je dans ses bras?

Et il a ouvert sans bruit la porte, en m'embrassant une dernière fois... Je n'ai que le temps de m'écarter vite...

Papa, assis en tailleur par terre dans ses papiers, la barbe en coup de vent et le nez en bataille, nous reluque avec férocité. Nous tombons mal.

— Qu'est-ce que tu viens foutre ici? Ah! c'est vous, cher Monsieur, je suis heureux de vous voir!

Renaud reprend un peu de sang-froid et de correction, quoique sans chapeau ni gants.

— Il y a, Monsieur, que je vous demanderai une minute d'entretien sérieux.

— Jamais, dit papa, catégorique. Jamais avant demain. Ceci, explique-t-il en indiquant M. Maria qui écrit, qui écrit trop vite, ceci est de toute urgence.

— Mais, moi aussi, Monsieur, ce que je veux vous dire est de toute urgence.

— Dites-le tout de suite, alors.

— Je voudrais... tâchez, je vous en supplie, de ne pas me trouver ridicule outre mesure... je voudrais épouser Claudine.

— Ça va recommencer, cette histoire! tonne papa formidable et dressé sur ses pieds. Tonnerre de Dieu, sacré mille troupeaux de cochons, tous fils de garces!... Mais vous ne savez donc pas que cette bourrique ne veut pas se marier? Elle va vous le dire qu'elle ne vous aime pas!

Sous l'orage, Renaud retrouve toute sa crânerie. Il attend la fin des jurons, et me toisant de haut, sous ses cils en abat-jour :

— Elle ne m'aime pas? Osez donc dire, Claudine, que vous ne m'aimez pas?

Ma foi non, je n'ose pas. Et, de tout mon cœur, je murmure :

— Si-da, que je vous aime...

Papa, abasourdi, considère sa fille comme une limace tombée de la planète Mars.

— Ça, c'est bougrement fort! Et vous, vous l'aimez?

— Plutôt, fait Renaud, en hochant la tête.

— C'est extraordinaire, s'effare papa, sublime d'inconscience. Oh! je veux bien! Mais moi, pour épouser, elle ne serait pas du tout mon type. Je préfère les femmes plus...

Et son geste dessine des appas de nourrice.

Que dire? je suis battue. Renaud a triché. Je lui chuchote tout bas, en me haussant jusqu'à son oreille :

— Vous savez, je ne veux pas de l'argent de Marcel.

Jeune, rayonnant sous ses cheveux d'argent, il m'entraîne dans le salon, en répondant, léger et vindicatif :

— Bah! il aura encore toute sa grand-mère à manger!

Et nous retournons dans ma chambre, moi toute serrée dans son bras, lui qui m'emporte comme s'il me volait, tous deux ailés et bêtes comme des amoureux de romance...

ŒUVRES DE COLETTE

La Maison de Claudine.
Les Vrilles de la Vigne.
Le voyage égoïste.
Sido.
Ces plaisirs...
Prisons et Paradis.
La jumelle noire (4 volumes).
Duo, roman.
Mes apprentissages.
Le Toutounier, roman.
Bella-Vista.
Gigi.
Le fanal bleu.
L'ingénue libertine, roman.
Douze dialogues de bêtes.
La retraite sentimentale.
La Vagabonde, roman.
L'Envers du music-hall.
La chambre éclairée.
Chéri, roman.
Prrou, Poucette et quelques autres.
L'Entrave, roman.
Les Heures longues.
Celle qui en revient.
Rêverie de Nouvel An.

Mitsou, ou comment l'esprit vient aux filles, roman.
La Paix chez les bêtes.
Aventures quotidiennes.
Dans la foule.
La femme cachée.
Le Blé en herbe, roman.
La naissance du jour.
La Fin de Chéri, roman.
La Chatte, roman.
Discours de réception.
Chambre d'hôtel.
Journal a rebours.
Julie de Carneilhan.
Le képi.
Mes cahiers.
Trois... Six... Neuf...
Broderie ancienne.
Nudité.
Paris de ma fenêtre.
L'Étoile Vesper.
Belles saisons.
Pour un herbier.
Trait pour trait.
La Seconde.

En « collaboration » avec M. Willy.

Claudine a l'école.
Claudine a Paris.

Claudine en ménage.
Claudine s'en va.

THEATRE
En collaboration avec M. Léopold Marchand.

La Vagabonde, pièce en 4 actes.
Chéri, pièce en 4 actes.

IMPRIMÉ EN FRANCE PAR BRODARD ET TAUPIN
7, bd Romain-Rolland - Montrouge - Usine de La Flèche.
LE LIVRE DE POCHE - 22, avenue Pierre 1ᵉʳ de Serbie - Paris.
ISBN : 2 - 253 - 01089 - 8

Humour, Dessins, Jeux et Mots croisés

HUMOUR
Allais (Alphonse).
* Allais... grement, 1392/7.
* A la une..., 1601/1.
* Plaisir d'Humour, 1956/9.
Bernard (Tristan).
** Rires et Sourires, 3651/4.
** Les Parents paresseux, 3989/8.
Comtesse M. de la F.
** L'Album de la Comtesse, 3520/1.
Dac (Pierre).
** L'Os à moelle, 3937/7.
Étienne (Luc).
** L'Art du contrepet, 3392/5.
** L'Art de la charade à tiroirs, 3431/1.
Jarry (Alfred).
**** Tout Ubu, 838/0.
*** La Chandelle verte, 1623/5.
Jean-Charles.
* Les Perles du Facteur, 2779/4.
** Les Nouvelles perles du Facteur, 3968/2.
Leacock (Stephen).
* Histoires humoristiques, 3384/2.
Mignon (Ernest).
* Les Mots du Général, 3350/3.
Nègre (Hervé).
**** Dictionnaire des histoires drôles, t. 1, 4053/2; **** t. 2, 4054/0.
Peter (L. J.) et Hull (R.).
* Le Principe de Peter, 3118/4.
Ribaud (André).
** La Cour, 3102/8.
Rouland (Jacques).
* Les Employés du Gag, 3237/2.

DESSINS
Chaval.
** L'Homme, 3534/2.
** L'Animalier, 3535/9.
Effel (Jean).
LA CRÉATION DU MONDE :
* 1. Le Ciel et la Terre, 3228/1.
** 2. Les Plantes et les Animaux, 3304/0.
** 3. L'Homme, 3663/9.
** 4. La Femme, 4025/0.
**** 5. Le Roman d'Adam et Ève, 4028/0.
Forest (Jean-Claude).
** Barbarella, 4055/7.
Henry (Maurice).
** Dessins : 1930-1970, 3613/4.
Simoen (Jean-Claude).
** De Gaulle à travers la caricature internationale, 3465/9.
Siné.
** Je ne pense qu'à chat, 2360/3.
** Siné Massacre, 3628/2.
Wolinski.
* Je ne pense qu'à ça, 3467/5.

JEUX
Aveline (Claude).
**** Le Code des jeux, 2645/7.
Berloquin (Pierre).
* Jeux alphabétiques, 3519/3.
* Jeux logiques, 3568/0.
* Jeux numériques, 3669/6.
* Jeux géométriques, 3537/5.
** Testez votre intelligence, 3915/3.
Diwo (François).
** 100 Nouveaux Jeux, 3917/9.
Grandjean (Odette).
** 100 Krakmuk, 3897/3.
La Ferté (R.) et Remondon (M.).
* 100 Jeux et Problèmes, 2870/1.
La Ferté (Roger) et Diwo (François).
* 100 Nouveaux Jeux, 3347/9.

MOTS CROISÉS
Asmodée, Hug, Jason, Théophraste et Vega.
* Mots croisés du « Figaro », 2216/7.
Brouty (Guy).
* Mots croisés de l'Aurore », 3518/5.
Favalelli (Max).
* Mots croisés, 1er recueil, 1054/3;
* 2e recueil, 1223/4; * 3e recueil, 1436/6;
* 4e recueil, 1622/7; * 5e recueil, 3722/3.
* Mots croisés de « L'Express », 3334/7.
La Ferté (Roger).
* Mots croisés, 2465/0.
* Mots croisés de « France-Soir », 2439/5.
* Mots croisés de « Télé 7 jours », 3662/1.
Lespagnol (Robert).
* Mots croisés du « Canard Enchaîné », 1972/6.
* Mots croisés du « Monde », 2135/9.
Scipion (Robert).
* Mots croisés du « Nouvel Observateur », 3159/8.
Tristan Bernard.
* Mots croisés, 1522/9.

Le Livre de Poche illustré

Série Art

Burckhardt (Jacob).
La Civilisation de la Renaissance en Italie, t. 1, 2001/3; t. 2, 2002/1; t. 3, 2003/9.
Cachin (Françoise).
Gauguin, 2362/9.
Clark (Kenneth).
Léonard de Vinci, 2094/8.
Le Nu, t. 1, 2453/6; t. 2, 2454/4.
Faure (Élie).
Histoire de l'Art :
1. L'Art antique, 1928/8.
2. L'Art médiéval, 1929/6.
3. L'Art renaissant, 1930/4.
4. L'Art moderne, t. 1, 1931/2.
5. L'Art moderne, t. 2, 1932/0.
L'Esprit des Formes, t. 1, 1933/8; t. 2, 1934/6.
Fermigier (André).
Picasso, 2669/7.
Focillon (Henri).
L'Art d'Occident :
1. Le Moyen Age roman, 1922/1.
2. Le Moyen Age gothique, 1923/9.
Friedländer (M. J.).
De l'art et du connaisseur, 2598/8.
Fromentin (Eugène).
Les Maîtres d'autrefois, 1927/0.
Golding (John).
Le Cubisme, 2223/3.
Gombrich (E. H.).
L'Art et son histoire, t. 1, 1986/6; t. 2, 1987/4.

Guinard (Paul).
Les Peintres espagnols, 2096/3.
Laude (Jean).
Les Arts de l'Afrique Noire, 1943/7.
Levey (Michaël).
La peinture à Venise au XVIIIe siècle, 2097/1.
Mâle (Émile).
L'Art religieux du XIIIe siècle, t. 1, 2407/2; t. 2, 2408/0.
Passeron (René).
Histoire de la Peinture surréaliste, 2261/3.
Pevsner (Nikolaus).
Génie de l'Architecture européenne, t. 1, 2643/2; t. 2, 2644/0.
Read (Herbert).
Histoire de la Peinture moderne, 1926/2.
Rewald (John).
Histoire de l'impressionnisme, t. 1, 1924/7; t. 2, 1925/4.
Richards (J.-M.).
L'Architecture moderne, 2466/8.
Sullivan (Michaël).
Introduction à l'art chinois, 2343/9.
Teyssèdre (Bernard).
L'Art au siècle de Louis XIV, 2098/9.
Vallier (Dora).
L'Art abstrait, 2100/3.
Wolfflin (H.).
Renaissance et Baroque, 2099/7.

Série Planète

Albessard (N.).
D'où vient l'humanité, 2619/2.
Alleau (René).
Les Sociétés secrètes, 2599/6.
Mahé (André).
Les Médecines différentes, 2836/2.

Martin (Charles-Noël).
Le Cosmos et la Vie, 2822/2.
Nord (Pierre) et Bergier (Jacques).
L'Actuelle Guerre secrète 2672/1.
Sprague de Camp (L. et C.).
Les Énigmes de l'Archéologie, 2660/6.

Série Histoire dirigée par Gilbert Guilleminault

Le roman vrai de la IIIe République
La France de la Madelon, 1711/8.

Le roman vrai du demi-siècle
Du premier Jazz au dernier Tsar, 2351/2.
De Charlot à Hitler, 2352/0.
La Drôle de Paix, 2579/8.

Le roman vrai de la IVe République
Les lendemains qui ne chantaient pas, 2722/4.
La France de Vincent Auriol, 2758/8.

Encyclopédie Larousse de poche

Bouissou (Dr R.).
Histoire de la Médecine, 2294/4.
Cazeneuve (Jean).
L'Ethnologie, 2141/7.
Friedel (Henri).
Les Conquêtes de la vie, 2285/2.
Galiana (Thomas de).
A la Conquête de l'espace, 2139/1.

Muller (J.-E.).
L'Art au XXe siècle, 2286/0.

Perrin (Michel).
Histoire du Jazz, 2140/9.

Tocquet (Robert).
L'Aventure de la Vie, 2295/1.

Histoire universelle Larousse de poche

Lafforgue (Gilbert).
La Haute Antiquité (des origines à 550 av. J.-C.), 2501/2.

van Effenterre (Henri).
L'Age grec (550-270 av. J.-C.), 2314/0.

Rouche (Michel).
Les Empires universels (IIe s.-IVe s.), 2312/4.

Lévêque (Pierre).
Empires et Barbaries (IIIe s. av. J.-C.-Ier s. ap.), 2317/3.

Riché (Pierre).
Grandes Invasions et Empires (Ve s.-Xe s.), 2313/2.

Guillemain (Bernard).
L'Éveil de l'Europe (An mille à 1250), 2550/9.

Favier (Jean).
De Marco Polo à Christophe Colomb (1250-1492), 2310/8.

Morineau (Michel).
Le XVIe siècle (1492-1610), 2311/6.

Pillorget (Suzanne).
Apogée et Déclin des Sociétés d'ordres (1610-1787), 2529/3.

Dreyfus (François).
Le Temps des Révolutions (1787-1870), 2315/7.

Jourcin (Albert).
Prologue à notre siècle (1871-1918), 2316/5.

Thibault (Pierre).
L'Age des dictatures (1918-1947), 2578/0.

Le Temps de la contestation (1947-1969), 2689/5.

Le Livre de Poche pratique

I. ENFANTS, FEMMES, INFORMATION SEXUELLE, SANTÉ

Armelin (Dr Gisèle)
*** **Les Médecines naturelles,** 4011/0.

Bertrand (P.), Lapie (V.), Pellé (Dr J.-C.)
** **Dictionnaire d'information sexuelle;** 3646/4.

École des Parents.
*** **Les Difficultés de votre enfant,** 3977/3.

Lamiral (S.) et Ripault (C.).
*** **Soins et beauté de votre enfant,** 3701/7.

Dr Levrier (M.) et Dr Roux (G.).
** **Dictionnaire intime de la femme,** 3536/7.

Pernoud (Laurence).
*** **J'attends un enfant,** 1938/7 *(épuisé).*
**** **J'élève mon enfant,** 3281/0 *(épuisé).*

Vaysse (André).
** **Mon enfant entre en sixième,** 3960/9.

II. MODES, BEAUTÉ

Coulon (M.) et La Villehuchet (M. F.).
*** **Guide du crochet,** 2808/1.

La Villehuchet (M. F. de).
** **Guide du tricot,** 1939/5.
*** **Guide de coupe et couture,** 2265/4.

Périer (Anne-Marie).
** **Belles, belles, belles,** 2410/6.

Treskine (H.) et La Villehuchet (M. F.).
*** **Guide de la beauté,** 2683/2.

III. CUISINE

Académie des Gastronomes.
**** **Cuisine française,** 3659/7.

Dumay (Raymond).
**** **Guide du vin,** 2769/5.

Maine (Monique).
** **Cuisine pour toute l'année,** 2611/9.

Mathiot (Ginette).
*** **La cuisine pour tous,** 2290/2.
*** **La pâtisserie pour tous,** 2302/5.

** **Cuisine de tous les pays,** 1940/3.

Pomiane (Édouard de).
* **Cuisine en 10 minutes,** 3320/6.

Toulouse-Lautrec (Mapie de).
*** **La cuisine de Mapie,** 2711/7.

IV. MAISON, JARDIN, ANIMAUX DOMESTIQUES

Aurières (Marcelle et Albert).
* **100 Façons de recevoir,** 3630/8.

Chappat (D.).
* **Dictionnaire du nettoyage,** 1944/5.
** **Éclairage et décoration,** 2242/3.
** **150 bonnes idées pour votre maison,** 2306/6.

Doussy (Michel).
*** **L'outillage du Bricoleur,** 3590/4.

Dumay (Raymond).
*** **Guide du jardin,** 2138/3.
** **Les Jardins d'agrément,** 2253/0.

Duvernay (J.-M.) et Perrichon (A.).
**** **Fleurs, fruits, légumes,** 2526/9.

Gardel (Janine).
** **Le bricolage dans votre appartement,** 2101/1.

Marsily (Marianne).
** **1 000 idées de rangement,** 2452/8.

Méry (Fernand).
*** **Le Guide des chats,** 3182/0.

Roucayrol (Georges W.).
*** **Le Livre des chiens,** 3214/1.

V. SPORTS, LOISIRS, JEUX, PHOTOGRAPHIE, CHIROLOGIE

Benard (Serge).
*** **Le Caravaning : Le Guide complet du caravanier,** 3874/2.

Duborgel (Michel).
** **La pêche en mer et au bord de la mer,** 2254/8.
** **La pêche et les poissons de nos rivières,** 2303/3.
* **La pêche au coup,** 2577/2.
* **La pêche au lancer,** 3116/8.

Dunne (Desmond).
** **Yoga pour tous,** 3837/9.

Libourel (C.) et Murr (P.).
** **La Natation,** 3893/2.

Méric (Philippe de).
** Le yoga pour chacun, 2514/5.
*.L'ABC du yoga, 3404/8.
** Yoga sans postures, 3629/0.
Merrien (Jean).
** Naviguez ! sans voile, 2276/1.
*** Naviguez ! à la voile, 2277/9.
Monge (Jacqueline) et Villiers (Hélène).
** Le bateau de plaisance, 2515/2.
Nadaud (Jérôme).
**** Guide de la chasse, 2305/8.
Prévention routière.
Le Permis de conduire, 4086/2.
XXX
** En pleine forme avec 10 minutes de gymnastique par jour, 2500/4.
Aveline (Claude).
**** Le Code des jeux, 2645/7.
Berloquin (Pierre).
* Jeux alphabétiques, 3519/3.
* Jeux logiques, 3568/0.
* Jeux numériques, 3669/6.
* Jeux géométriques, 3537/5.
** Testez votre intelligence, 3915/3.
Diwo (François).
** 100 Nouveaux Jeux Vacances, 3917/9.
Grandjean (Odette).
** 100 Krakmuk et autres jeux, 3897/3.
La Ferté (R.) et Remondon (M.).
* 100 Jeux et problèmes, 2870/1.
La Ferté (Roger) et Diwo (François).
* 100 nouveaux jeux, 3347/9.
Le Dentu (José).
*** Bridge facile, 2837/0.
Seneca (Camil).
**** Les Échecs, 3873/4.
Boubat (Édouard).
** La Photographie, 3626/6.
Bovis (Marcel) et Caillaud (Louis).
** Initiation à la photographie noir et couleur, 3668/8.
Rignac (Jean).
** Les lignes de la main, 3580/5.

VI. DICTIONNAIRES, MÉTHODES DE LANGUES (Disques, Livres), OUVRAGES DE RÉFÉRENCES

Berman-Savio-Marcheteau.
*** Méthode 90 : Anglais, 2297/7 (Livre).

Méthode 90 : Anglais, 3472/5.
(Coffret de disques. Prix : **130 F**).

Donvez (Jacques).
*** Méthode 90 : Espagnol, 2299/3 (Livre).

Méthode 90 : Espagnol, 3473/3.
(Coffret de disques. Prix : **130 F**).

Jenny (Alphonse).
*** Méthode 90 : Allemand, 2298/5 (Livre).

Méthode 90 : Allemand, 3699/3.
(Coffret de disques. Prix : **130 F**).

Fiocca (Vittorio).
*** Méthode 90 : Italien, 2684/6.

Dictionnaires Larousse

**** Larousse de Poche, 2288/6.
**** Français-Anglais,
Anglais-Français, 2221/7.
**** Français-Espagnol,
Espagnol-Français, 2219/1.
**** Français-Allemand,
Allemand-Français, 2220/9.
**** Français-Italien,
Italien-Français, 2218/7.
XXX Atlas de Poche, 2222/5.
Georgin (René).
** Guide de Langue française, 2551/7.
Renty (Ivan de).
**** Lexique de l'anglais des affaires, 3667/0.

30/0213/6